나는 어떤 사람이
되고 싶었을까?

나는 어떤 사람이 되고 싶었을까?

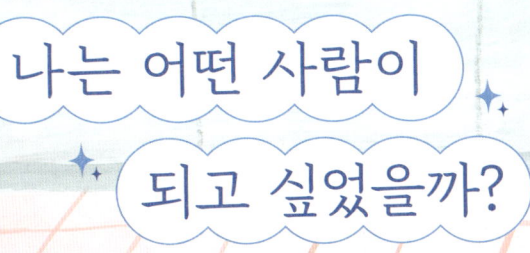

이아진(전진소녀) 지음

하고 싶은 것도… 좋아하는 것도… 모르는 너희들에게

체인지업
CHANGEUP

노력의 천재

> "두려움을 느껴라. 그리고 그럼에도 도전하라."
> "Feel the fear and do it anyway."
> – 수잔 제퍼스 Susan Jeffers

무언가를 시작하기에 앞서 항상 내 머릿속에 되새기는 수잔 제퍼스의 명언이다. 내가 어쩌면 빛나는 보석이 아니라 그냥 돌멩이일지도 모른다는 두려움, 지금 충분히 안정적이고 나쁘지 않은데 괜히 새로운 도전을 하다가 고꾸라질지도 모른다는 두려움, 사람들이 나에게 손가락질할 거라는 두려움, 자신 있게 내 꿈을 이야기했지만 결국 실패할지도 모른다는 두려움, 나에게 재능이 없을지도 모른다는 두려움 등 내게도 나를 가로막는 수많은 두려움과 망설임이 있다. 한때 이러한 두려움들이 없어져야 무언가를 시작할 수 있을 거라 생각했고, 그래서 자신감이 회복될 때까지 기다리기도 했다. 그러나 두려움은 '현실'이 아닌 '감정'이어서 마음대로 없애거나 지울 수 없다는 걸 깨달았다. 가지지 않으려 애써도 이내 갖게 될 마음이었던 것이다.

> '두려움은 친구처럼 언제나 함께해야 하는 감정이구나. 그렇다면 그냥 손잡고 같이 걷는 수밖에 없겠지.'

깨달음 이후에도 여전히 모든 시작을 두려움과 함께했지만, 두려움을 대하는 자세와 태도는 조금씩 달라졌다. 환경과 조건이 다 갖춰진 상태에서 '요이 땅!' 하고 시작할 수는 없기에 평소 궁금했던 것들, 해보고 싶었던 것들을 하나둘씩 찾아 나가기 시작했다. 그때부터 많은 10대 친구들이 꿈을 향한 도약의 과정과 방법에 대해 물어왔다. 자신의 꿈이 너무 먼 미래의 일처럼 느껴진다거나 어디서부터 어떻게 시작해야 할지 모르는 친구들이 대부분이었다. 당시에는 나도 너무 어렸고, 여전히 '현재 진행형'이라는 생각에 별로 해줄 수 있는 얘기가 없었다. 그러나 이제는 이것만큼은 말할 수 있을 것 같다. 거창한 시작은 어디에도 없고, 재능이 있거나 특출난 사람만이 성공하는 게 아니라는 것을….

모든 시작은 느리고, 느린 속도만큼이나 사소하다. 포기하지 않고 끝까지 하는 사람은 어떤 형태로든 이뤄낼 수 있다. 이 책은 '진로 찾기'에 대한 노하우나 조언을 담은 책이 아니다. 무엇보다 나의 경험과 방식들이 정답이 될 수도 없다. 이유는 단순하다. 백 번 듣는 것보다 한 번 해보는 게 훨씬 낫기 때문이다. 더불어 나는 그 '실행'에 관한 이야기를 하고 싶을 뿐이다. 무언가를 이루거나 배우고자 할 때 어떻게 계획했으며, 그 계획을 어떻게 실행으로 옮겨 갔는지에 대한 나만의 '꿈 공략법' 말이다. 이 팁을 여러분과 조금 더 긴밀하게(?) 나누기 위해 반말 모드, 일명 '반모'를 사용하고자 한다. 그러니 '책을 읽는다'라고 생각하지 말고 '대화를 나눈다'라고 생각해주길 바란다. 아무래도 혼잣말보다는 대화가 더 편하고 좋으니까.

호주 유학 시절 다니던 첫 고등학교는 연극으로 유명한 학교였고, 이후 전학을 간 새로운 고등학교는 현대무용으로 유명한 학교였다. 그래서인지 두 학교에는 재능과 끼로 넘치는 학생들이 참 많았다.

빛나는 별 같은 아이들 사이에서 뭉툭한 돌멩이 같던 나.

무용, 연극, 운동, 공부, 뭐 하나 특출난 게 없다는 생각에 왠

나는 어떤 사람이 되고 싶었을까?

지 움츠러들기도 했지만 지금 그 돌멩이는 자신만의 빛을 조금씩 내고 있다. 그들과 방향이 달랐고, 단지 그것을 조금 늦게 발견했을 뿐이었다. 내가 찾은 나의 가장 큰 재능은 다름 아닌 '포기하지 않는 것'이었다. 그래, 포기하지 않는 것도 하나의 재능이다. 이 책을 읽는 모든 친구들이 각자의 돌멩이를 손에 꼭 쥐고 놓지 않길 바란다. 그 돌멩이가 언제, 어디서, 어떻게 빛날지는 아무도 모르니까.

2025년 여름,
전진소녀 이아진

목차

Chapter 1   재료 준비
✗ 나는 전진소녀, 너는 누구야?

Chapter 2   재료 손질
✗ 다른 누구도 아닌, 너

Chapter 5 식사

⚵ 모든 것을 가능케 할 너를 위해

JJ GIRL'S DIARY

Chapter 1

<u>재료 준비</u>

 나는 전진소녀, 너는 누구야?

▲▲▲

소설 속 주인공

우리는 별반 다르지 않아

대학이 전부는 아니지만

잘하는 것과 좋아하는 것의 불일치

끊임없이 질문하기

자존감 10000%

'나'라는 소설 속 주인공

이 책을 통해 나와 꽤 오랫동안 이야기하게 될 너를 위해 내 소개를 먼저 할게. 내 이름은 이아진이고, 스물네 살이야. 그러니까 2002년생인 거지. 인플루언서, 크리에이터, 목수, 건축학과에 다니는 대학생, 또 지금은 작가로서 책을 쓰고 강연도 하고 있어.

내 닉네임이 왜 '전진소녀'인지 궁금하지? 사실 나는 한국에서 태어나 주욱 자라오다가 열네 살이 되던 해에 호주로 유학을 떠났어. 우리 엄마는 내가 아주 어렸을 때부터 한국이 아닌 외국에서 공부를 시키고 싶다고 늘 말씀하셨거든. 학교와 학원을 오가며 치열하게 경쟁하는 것보다 드넓은 들판에서 맨발로 뛰어놀며 하고 싶은 것들을 마음껏 하길 바란 거지. 그렇게 호주에서 4년 동안 공부를 하다가 열여덟 살이 되던 해에 문득 대학 대신 내가 진짜 원하는 게 뭔지 찾고 싶어졌어. 이를테면 '좋아하는 일을 하는 어른'이 되고 싶었던 거야. 그래서 진지하게 고민하다가 결국 자퇴를 결정하고 한국으로 돌아왔어.

한국에서 우연한 계기로 집을 짓는 건설현장에 방문한 일이 있었는데, 원래 건축에 흥미를 느끼긴 했지만 일일 체험 정도로 여겼기에 별 기대는 하지 않았어. 그런데 웬걸, 에너제틱한 현장 분위기에 완전히 매료되어 버린 거야. 사람의 손으로 직접 뚝딱거리며 집을 짓는 모든 과정이 정말 신기하고 재미있어 보였거든. 어려서부터 공부보다는 운동을 더 좋아했고, 책상 앞에 앉아 있는 것보다는 운동장에서 뛰어노는 걸 더 좋아했던 나였기에 '그럴 수도 있겠구나' 싶었어.

'이것부터 한번 시작해보자…!'

그렇게 목수로서 일하겠다고 다짐하면서 4년 동안 목수 일을 열심히 배우게 된 거야. 아빠뻘쯤 되는 아저씨들과 현장에서 무거운 자재를 들고 망치질을 하는 게 힘들지 않았냐고? 당연히 힘들었지. 매 순간 포기하고 싶었어. 내가 무슨 부귀영화를 누리겠다고 한여름에 땡볕 아래에서 힘들게 땀 흘려야 할까… 왜 이

나는 어떤 사람이 되고 싶었을까?

한파에 콧물 흘려가며 망치질을 해야 하는 걸까… 신세한탄을 할 때도 많았지.

주변 사람들의 시선은 어땠겠어? 학교에서 사고 쳐서 퇴학을 당했다느니, 대학 가기 싫어서 노가다판에 온 걸 보니 미래가 빤히 보인다느니, 온갖 부정적인 말들이 내 주위를 맴돌았지. 그런데 내가 승부욕이 좀 세거든. 그런 시선에도 아랑곳하지 않았어. '그래, 누가 이기나 해보자' 하면서 오히려 의지를 불태운 거야. 꿋꿋하게 내 것을 해나가다 보면 언젠가는 빛을 볼 수 있을 거라는 확신이 있었어. 돌이켜보면 그때의 확신은 어쩌면 혼자만의 바람이나 소망이었을지도 몰라. 근데, 상관있어? 내가 믿는 게 곧 확신이고 그게 곧 현실인걸.

그렇게 현장에서 직접 집을 짓다 보니 내 목표 하나를 달성했다는 걸 깨달았어. 바로 '내 심장이 뛰는 일을 찾겠다'라는 근사한 목표 말이야. 사람들에게 집을 지어주는 일은 단순히 뿌듯함과 보람만을 주지 않았어. 그 행위 자체가 내 꿈을 풍선처럼 부풀어 오르게 했거든. 더불어 건축을 통해 세상에 많은 것들을 선물해주고 싶었어.

'더 많은 이들에게 기쁨을 줄 수 있는 공간을 만들 거야.'

'세상과 사람을 이롭게 하는 건축가가 되어야지.'

건축을 제대로 공부해보고 싶은 꿈이 생겼고, 그러기 위해서는 더 많이, 더 체계적으로 배워야 했기에 비교적 늦은 나이인 스물두 살에 대학교에 들어가게 되었어. 그렇게 건축학과에 다니는 대학교 3학년생이 된 거지. 여기까지 들어보면 일반적인 친구들과는 걸어온 길이 좀 다르지? 호주에서 별 탈 없이 잘 다니고 있던 학교를 그만두고 한국으로 돌아와 건설현장에서 일하고 있는 나를 보는 부모님은 어땠겠어? 속이 타들어 가도 아주 제대로 타들어 갔겠지. 그래서 우리 아빠가 나에게 "이왕 시작한 이 여정, 앞을 보고 당차게 전진해봐!"라고 말씀하시며 전진하는 소녀, '전진소녀'라는 닉네임을 선물해주셨지. 이게 바로 내가 전진소녀가 된 이유야.

대학교에 들어와 공부하고 있는 나는 아직도 꿈이 많고 욕심이 많아. 한 번은 가지고 싶은 것, 부러운 것들이 너무 많아 '만약 내가 앞으로 딱 10년만 살 수 있다면 뭐부터 할까?' 생각해봤어. 10년이면 내가 하고 싶은 걸 모두 하기에 충분하겠더라고. 처음 1, 2년 정도는 정말 신이 날 것 같았어. 먹고 싶은 거 다 먹고, 가고 싶은 곳들 다 가고, 사고 싶은 거 다 사면서 말이야. 좋은 집에 살면서 호화스럽게 사는 상상을 계속해서 해나가는데, 어느

순간에는 그 상상 속의 내가 너무 공허해지더라. 상상일 뿐이었지만, 생생하게 느껴보고 싶어서 엄청나게 몰입했었거든. 그때 내가 느낀 감정은 확실히 '공허'였어. 이제는 더 가질 것도, 더 하고 싶은 것도 없는 나에게 남은 것이라고는 '누가 들고 가버리면 그만인 물건들'뿐이었어. 내게 기쁨을 주는 행복이나 추억, 사랑이 아니라 쾌락과 사치, 인스턴트 같은 웃음들뿐이었다는 거야.

그때, 아무도 가져갈 수 없는 나만의 것들을 다른 사람들에게 나눠줘야겠다고 처음 생각하게 되었어. 지식이나 경험, 지혜를 쌓아 그것을 누군가에게 넘겨주고 알려준다면 '훗날 죽고 나서도 내가 여전히 그들의 주변에 남아있겠구나' 하는 생각이 들었던 거야. 그때부터 아름다운 공간을 남겨야겠다는 목표가 하나 더 생겼어. 사람들에게, 그리고 세상에게 꼭 필요한 '쓰임새' 있는 공간 말이지. 그러기 위해서는 더 많이, 더 폭넓게 배울 수 있는 환경에 나를 노출 시키는 것이 중요했어. 그곳이 어딘지는 아직 정확히는 모르지만, 더 넓은 세상으로 나아가는 것이 스물넷, 지금의 내 목표야.

이런 나에게도 라이벌이 있는데, 그건 다름 아닌 '나 자신'이야. 주변 친구들이나 어른들은 항상 나를 치켜세워주고 기특하다고 말하지만 사실 별로 그렇지가 않아. 어쩌면 너보다 훨씬 게

나는 어떤 사람이 되고 싶었을까?

으르고 우유부단할지도 모르지. 원체 발등에 불이 떨어져야 움직이는 성향이기도 하고, 자주 깜빡하고 잊어버려서 하던 일들을 그르치기도 해. 하기 싫은 일은 도망을 쳐서라도 피하고 싶을 때가 많아. 이런 나와 매 순간 싸워야 하는 건 어쨌든 '나'라는 것을 알아.

시작에 앞서 내 소개를 한 건 사실 네가 궁금했기 때문이야. 내가 나를 소개한 것처럼 너도 네가 어떤 사람인지 소개해 줘. 물론, 반드시 대상이 필요한 건 아니야. 영상으로 찍어볼 수도 있겠고, 내가 한 것처럼 글로 써볼 수도 있겠지. 이게 되게 쉬운 것 같아 보여도 막상 써보면 막힐 때가 많아. 나도 나 자신에 대해 자연스럽게 말하기까지 꽤 오랜 시간이 걸렸으니까. 그래도 한 번쯤 질문해 보길 바라.

"우리는 과연 스스로에 대해 얼마나 알고 있을까?"

만약 네가 주인공으로 나오는 소설을 쓴다면, 작가가 주인공을 묘사할 때처럼 애정을 갖고 세세하게 너를 묘사할 수 있어? 생김새나 취향, 원하는 헤어나 옷 스타일 같은 것들 말고 네가 언제 가장 강해지는지, 혹은 약해지는지, 무엇을 할 때 가장 행복해지는지, 언제 가장 두려운지 등을 말이야. 이러한 것들은 사실 스스로와 깊은 교감을 해보지 않은 상태에서는 자세히 알기가 어려워. 그 과정 역시 쉽지는 않고…. 보고 싶지 않은 나의 모습도 봐야 하고, 수많은 시행착오를 겪으며 꾸준히 '발견'해 나가야 하기 때문이야.

게임이나 영화에 나오는 빌런들도 저마다의 서사가 있는데, 하물며 자신만의 인생을 살아가는 사람이 자기가 누구인지도 제대로 알지 못한다면 그 삶의 주인으로서, 주인공으로서 제 역할을 잘 감당해낼 수 있을까? 아마 다른 주인공들이 열심히 장면을 만들어나갈 때 뒤에 스쳐 지나가는 '행인 1' 정도로 만족해야 할 거야. 네가 그들보다 화려하지 않아서, 그들보다 못나거나 멋진 배경이 없어서도 아니야. 다만 자기 자신이 어떤 캐릭터인지 모르기 때문이지. 그걸 모르면 '자신만의 이야기'를 결코 만들어낼 수 없거든.

자신이 어떤 사람인지 알아가지 않는다면(혹은 알기 위해 노력하지 않는다면) 그저 사람들이 가는 대로, 즉각적으로 쫓겨 다닐 수밖에 없어. 생각해봐. 살아가면서 수많은 사람에게 '고맙다', '사랑한다', '또 보자'라고 말하지만 정작 내게서 그 말을 가장 적게 듣는 사람이 나인 것처럼 우리가 자기 자신에게 주는 관심은 극도로 적어. 잊지 말아야 할 건, 짧은 소설이든 장대한 줄거리를 가진 소설이든 이야기를 여는 가장 첫 번째 장에서는 언제나 주인공이 어떤 사람인지 구체적으로 알려준다는 거야.

그러니 인생이라는 소설 속에서 꿈에 관한 이야기가 장대하게 펼쳐지기 전, 반드시 '나'라는 주인공이 어떠한 캐릭터인지 꼼꼼하게 소개하고 시작해야 한다는 걸 잊지 마.

우리는 별반 다르지 않아

누가 봐도 멋지고 대단한 사람들…. 요즘은 어딜 가나 그런 사람들이 꼭 있어. 그래서인지 자신이 한없이 평범해 보일 때가 있지. 그들을 보며 꿈을 키우기도 하지만, 대부분은 근사한 겉모습과 에너지에 주눅이 들 때가 많아. 그러고는 혼자 생각하지.

'저 사람들과 나는 달라도 너무 달라.'

태어날 때 '이 아이는 사랑받을 자격이 있습니다' 혹은 '이 아이는 사랑받을 자격이 없어요'라고 정해주지 않듯 결국 각자의 방식으로 빛날 수 있고 그 '빛남'에는 저마다의 시차가 존재해. 내가 처음 목수 일을 시작할 때 서툴고 모자란 내 모습에 실망을 많이 하다 보니, 자신감과 의지가 곤두박질치던 시기가 있었어. 아주 오랫동안 경력을 쌓아온 베테랑 목수들과 나를 비교하기도 했고 TV에 나오는 운동선수, 배우, 가수, 학자 등등 어느 정도의 경지에 올랐다고 말할 수 있는 많은 이들을 보며 '나와는 정말 다르구나' 하며 괜히 우울해하기도 했어. 아무리 노력해도 가닿을 수 없는 범주의 사람들 같았고, 그래서인지 내가 지극히 평범해 보이기도 했지.

하지만 그때 우연히 그 사람들의 어린 시절 영상을 보게 되었어. 막 운동을 시작했을 때, 막 데뷔했을 때, 막 공부를 시작했을 때 등 아직은 미숙하고 서툰 그들의 모습은 실수를 밥 먹듯이 하는 지금의 내 모습과 별반 다르지 않았어. 그들의 긴장한 표정과 뻣뻣한 몸짓을 보면서 그들도 분명 나와 같은 시절이 있었고 서툴렀던 시기가 있었다는 걸 깨닫게 되었지. 모든 사람은 지극히 평범하고 미숙했던 '처음'이 존재해. 세공할수록 빛나는 보석처럼 지금은 눈부신 모습일지라도 과거에는 이제 막 발굴되어 이게 보석인지 돌덩이인지 구분조차 하지 못했던 시기가 '누구에게나' 존재한다는 거야. 그러니 빛나는 누군가를 무작정 동경하거나 부러워하기 전에 그들이 얼마큼의 시간과 노력을 그 분야에 쏟고, 또 버텨 왔는지 들여다볼 필요가 있어. 그렇게 힘들 때마다 존경하는 사람들의 '처음'을 떠올리며 너 역시 그들처럼 성장하고 있다고 생각하면 돼. '나도 지금쯤이면 이 정도 단계까지는 왔겠구나' 하면서 말이야.

물론, 나도 사람이기에 가끔은 모든 게 다 허무하게 느껴질 때가 있어. 그들과의 보이지 않는 격차가 조금 더 선명해지는 순간이지. 그럴 때마다 마음을 다시 다잡을 수 있는 때가 언제인지 알아? 신기하게도 내가 '움직일 때'야. 가령 내가 미미하게나마 나의 것을 해나갈 때, 방향은 다르지만 그들과 똑같이 하루하루 '전진'하고 있다는 사실에 충만함을 느끼는 거지. 우리가 밥을 먹는 중에 '아, 밥 먹고 싶다'라고 하지 않잖아. 김치찌개를 먹으면서 이 음식의 '맛'에 대해서 생각할 수는 있어도, 이 음식을 먹는 '행위' 자체에 대한 결핍은 거의 느끼지 못하는 것과 같은 이치야.

꽤 단순하지? 다시 말하면, 자신이 해야 하는 일과 목표들로 하루를 꽉 채워나가면, 비교에서 오는 괴리나 자괴감 같은 것들이 감히 끼어들 자리를 얻지 못하는 거야. 반대로 내면에 자신의 것이 텅텅 빈 상태라면, 온갖 잡념과 불필요한 생각들이 그 자리를 꿰차고 들어올 수 있다는 얘기야. 무엇보다 '비교'가 빈번해지면 자칫 비교하는 것에 중독될 수도 있어. SNS나 매체에 나오는 멋진 연예인들과 셀럽들을 보며 그들보다 부족한 부분을 꾸역꾸역 찾아내는 건데, 비교 자체에서 오는 이상한 안정감에 익숙해지게 되는 거야. 이러한 현상은 공허할수록 쉽게 나타나곤 하지.

틈이 한 번 생기는 건 어렵지만, 일단 생기기 시작하면 걷잡을 수 없이 커지기도 하거든. 그 공백을 메우려다 보면 자꾸 이상한 길로 빠지게 되는 거야. 자신에게 전혀 도움이 안 된다는 걸 알면서도 말이야. 사람이 쉽게 동요할 때가 언제라고 생각해? 아마 가장 약해져 있을 때가 아닐까 싶어. 누군가를 보며 '아 저런 사람도 있구나. 멋지다. 나도 계속 노력해야지'라고 하며 넘기면 그만인데, '나는 뭐 하고 있지, 왜 나는 저들처럼 못하지?'라는 불필요한 생각까지 하게 된다는 거야. 그들은 그들의 삶이 있고 너는 너의 삶이 있어. 그러니 자책하지 마. 주눅 들지도 말고.

자기 자신이 평범해 보여서 불행을 느낀다면, 그 불행은 '가짜 불행'일 확률이 커. 더는 그것에 속아서는 안 돼. 만약 어떤 선망의 대상을 바라보며 조금이라도 동요하거나 자괴감이 든다면 '내가 조금 쉬어가는 시간이구나. 내가 지금 공허해서 그들을 필요 이상으로 동경하고 비교하는구나' 하고 넘기면 돼. 타인이 최고일 때와 자신이 최악일 때를 비교하는 것만큼 어리석은 행동은 없으니까.

나는 어떤 사람이 되고 싶었을까?

대학이 전부는 아니지만

'대학 가면 또 책상에 앉아서 책 펴고 4년을 더 공부하라고?'
'대체 뭐 때문에? 돈 벌어야 해서?'
'나는 돈 벌려고 태어난 게 아닌데…'

내가 열여덟 살, 그러니까 졸업을 1년 6개월 앞둔 'Year 11'이
었을 때 했던 생각이야. 혹시 너도 대학에 대한 고민, 압박, 스트
레스를 받고 있진 않아? 어쩌면 나와 같은 생각일 수도 있겠다.
한국이었다면 고등학교 2학년, 진로에 대한 고민과 탐색이 아닌
확실한 목표와 체계를 가지고 입시 준비에 한창일 시기에 나는
돌연 자퇴를 했어. 주변에서 나를 얼마나 이상한 아이로, 한심한
아이로 봤을지 상상이 돼?

아이러니하게도 나는 영어를 한마디도 못 하는 상태로 호주에 갔어. 요즘은 제2외국어를 초등학교 때 시작해도 늦은 거라고들 하잖아. 심지어 한글을 떼기 전부터 영어를 마스터하는 애들도 있는데, 엄마는 나를 굳이 영어학원에 보내지 않으셨어. 현지에서 직접 놀면서 배우라고 말이야. 그래서 호주 학교에 처음 입학했을 때 웬만한 과목들은 아예 따라가지도 못했지. 절망 그 자체였어. C나 D 등급을 받고 재시험도 많이 봤을 정도니까.

그때 나에게 유일한 힘과 위로가 되어준 건 다름 아닌 미술이었어. 미술은 영어를 잘 못해도 창의력만으로 충분히 해낼 수 있는 과목이었거든. 내 그림을 본 미술 선생님이 '재능이 보인다', '소질이 있다'라고 칭찬해주신 이후부터 자신감이 생겼어. 고학년이 되어 과목을 선택할 때도 항상 미술을 빠뜨리지 않았지. 미술을 공부하기 시작하니까 예술이라는 분야가 너무 흥미로운 거야. 그래서 그때부터 디자인, 음악, 포토그래피, 멀티미디어 등 상상력을 가지고 해볼 수 있는 모든 창작 분야에 관심을 갖기 시작했어. 무작정 카메라를 들고 나가서 사진도 찍어보고, 편집도 해보면서 다양한 기술과 기능들을 조금씩 탐구해 나갔지.

그렇게 내가 어떤 예술과 어울릴지 고민하던 와중에 우연히 건축이라는 완전히 새로운 분야에 대해 알게 되었어. 무슨 이유에서인지는 모르겠지만 '아, 내가 할 수 있는 예술 중 가장 크고 의미 있는 예술은 건축이겠구나' 하는 확신이 들었던 거야. 이왕 하는 거 제대로 해보고 싶다는 의욕이 그때부터 생기기 시작했어. 건축에 대한 꿈을 슬금슬금 키워가는데 또 문득 이런 생각이 들더라.

'왜 나는 건축에 흥미를 느끼고 있지?'
'나는 어떤 건축을 하고, 어떤 건축가가 되고 싶은 걸까?'
'나는 대학에 가서 무엇을 하고 싶은 걸까?'

맞아. 그때 나는 아직 나에 대해서 잘 몰랐어. 그냥 어른들이 대학에 가라고 하니까, 모두가 당연한 듯이 대학을 목표로 걸어가니까, 나도 그렇게 가는 게 당연한 거라고 생각했지. 하지만 나는 대학교에 가기 위해 지난 12년간 학교에 다닌 것도 아니고, 대학 졸업 후 좋은 회사에 취직하거나 큰돈을 벌기 위해서 살아가는 것도 아니었어. 누구보다 내가 하는 일을 사랑하면서 멋있고 당당하게, 하루하루를 그저 즐기며 살아가고 싶었을 뿐이야.

내가 무엇을 좋아하는지 하나둘씩 탐구하면서 학창시절을 보낸 것도 다 그런 이유 때문이었고 부모님을 따라 배낭여행을 다닌 것도, 이 먼 호주까지 와서 새로운 경험을 하고 있는 것도

나는 어떤 사람이 되고 싶었을까?

전부 그 때문이었어. 그런데 이런 나날들의 종착점이 고작 대학교라니! 멋진 어른이 될 거라며 행복한 상상을 하던 그때의 나에게 대학교는 희망도 낭만도 없는, 실망스럽기 그지없는 종착지였던 거야. 무엇보다 '대학에 가서 이걸 꼭 배우고 나만의 것으로 만든 후 이런 걸 해내겠다!' 하는 이렇다 할 목표가 없었거든. 아마도 내가 무엇을 할 때 가장 나답게, 또 가장 즐겁게 할 수 있을지 고민했던 것 같아.

당시 내가 생각했던 대학교에서의 내 모습은 지극히 수동적이었어. '들어가기만 하면 알아서 다 되겠지' 같은 마음가짐으로는 오히려 입학하지 않는 게 나았어. 대학을 간다고 해서 알아서 졸업이 되고, 알아서 어른이 되어, 알아서 잘 살아가게 되는 게 아니라는 걸 알았거든. '하루하루를 어떻게 만들어나갈까?' 하는 설렘이나 목표가 없다면 두말할 것도 없었지. 그런 생각이 나를 지배할 때쯤 '내가 아무것도 하지 않으면 아무 일도 일어나지 않는구나' 하는 두려움이 생기기 시작했어. 자퇴를 결심하게 된 배경이라고도 볼 수 있어.

이 결정이 쉬웠다고 한다면 거짓말이야. 부모님과도 꽤 오랜 시간 자퇴를 두고 고민했으니까. 자퇴 이후에는 뭘 하고 싶은지, 어떻게 해나갈 것인가에 대해 부모님께 말했을 때, 부모님이 나를 다그치거나 혼냈다면 나는 아마 선택을 주저했을 거야. 그러나 부모님은 오히려 내게 "세상에서 가장 용기 있는 사람은 자기가 하고자 하는 일을 해나가는 사람이야"라고 말씀하시며 나를 격려해 주셨어. 사회에 나가서 너만의 것을 찾아 열심히 해보라는 말도 덧붙이셨지. 그 말을 듣는데 알 수 없는 자신감이 올라오더니 내가 즐겁게 할 수 있는 일, 내 가슴을 뛰게 하는 일을 찾아야겠다는 확신이 들었어. 그렇게 나는 11학년이던 열여덟 살에 학교를 그만두고 한국으로 돌아오게 된 거야.

한국에 돌아와 목수 일을 시작하게 되었고, 직접 집을 짓기 시작하면서부터는 이전보다 훨씬 많은 감정에 사로잡히며 지냈어. 울고 웃고 실망하고 화내고 절망하고…. 그러나 분명한 건 그렇게 4년을 보내는 동안에도 언제나 내 가슴은 뛰고 있었다는 거야. 누구의 꿈도 아닌 나만의 꿈이었기에 가능했던 일이야. 누군가 내가 하는 일에 관해 물어올 때면 그게 그렇게 좋을 수가 없었어.

처음에는 어떤 집을 짓고 싶은지 스스로 자문했고, 나아가서는 어떤 세상을 만들고 싶은지에 대한 답을 스스로 찾아 나가기 시작했어. 지금도 사람들이 물어봐. 자기는 꿈이 없는데, 하고 싶은 게 없는데 어떻게 해야 하냐고. 지금의 나는 그에 대한 답

나는 어떤 사람이 되고 싶었을까?

변을 자신 있게 해줄 수 있을 것 같아. 꿈은 처음부터 생기지는
않는다고. 조금씩 살을 붙이고 만들고 꾸준히 쌓아나가는 거라
고. 건축으로 비유하면 어떨까? 기초 공사를 하고, 설비 공사를
하고, 틀을 쌓고, 일부를 허물어 다시 만들기도 하고, 또 어떨 때
는 여러 이유로 공사가 중단되는 경우도 있어. 그럴 때는 좌절하
기도 하지. '이걸 언제 다 짓나…' 하면서 말이야.

나만의 꿈이 생겨 학교를 박차고 나온 후 대학 진학을 포기한 내가 지금은 대학생 신분으로 학교에 다니고 있는 것도 좀 재미있지? 이유는 딱 하나, '더 배우고 싶은' 욕망 때문이었어. 대학의 필요성을 못 느꼈을 뿐, 대학이 옵션에 없었던 건 아니었으니까. 당시의 나에게 대학은 큰 의미가 없었던 거야. 꿈도 목표도 모호한 상태에서는 대학에 가봤자 또 자퇴할 게 불 보듯 뻔했기 때문이지. 그러나 건축으로 더 많은 이들에게, 더 좋은 공간을 제공하기 위해서는 반드시 지금보다 훨씬 더 성장해야 했고, 나에게 올바른 가르침을 줄 스승을 찾아야만 했어. 자퇴를 앞두고 실제로 이렇게 다짐하기도 했으니까.

'내가 만약 20대 혹은 30대, 40대가 되었을 때 정말 배우고 싶은 것이 생긴다면 그때 대학에 가도 늦지 않으니 자퇴 자체에 너무 겁먹지 말자!'

그렇게 다른 친구들보다 2년 늦게 입학했지만, 결국 지금의 나는 건축학과에서 원했던 모든 것을 배우고 있어. 원하던 연구실에도 들어오게 되었고, 집수리 동아리 활동을 하면서 개인적으로는 각종 공모전에도 참가하고 있지. 특히 학교 측과 협업해 설계와 시공 등으로 '학생 전용 쉼터 만들기 프로젝트'에 참여한건 기억에 오래 남을 것 같아. 나는 제때 대학교에 오지 않은 것

나는 어떤 사람이 되고 싶었을까?

도, 남들보다 늦게 대학교에 온 것도 후회해 본 일이 없어. 나만의 속도로, 딱 알맞은 시기에 입학했다고 생각하거든.

누구에게나 각자의 방식이 있을 테고 나의 방식이 무조건 옳다고 볼 수는 없겠지만 한 가지 확실한 건 대학교는 목적지에 도달하기 위해 잠시 거치는 곳일 뿐, 최종 목적지가 아니라는 거야. 너의 'Goal'은 대학교보다 훨씬 큰 곳에 있다는 걸 절대 잊지 마.

잘하는 것과 좋아하는 것의 불일치

"좋아하는 걸 해야 할까요? 아니면 잘하는 걸 해야 할까요?"

십 대 친구들이 나에게 한 번씩은 꼭 물어봤던 질문이 있는데, 나는 이 질문이 인생을 살아가면서 꼭 자신한테 던져봐야 할 중요한 질문이라고 생각해. 그렇다면, 좋아하는 게 먼저일까? 아니면 잘하는 게 먼저일까?

잘 모르겠다면 내 이야기를 먼저 해줄게. 내가 아직 자퇴를 고민하기 전, 대학을 가기 위한 준비를 할 때였어. 그때 가장 먼저 머릿속에 들어왔던 질문이 '어떻게 하면 학교를 그만두지 않고 재미있게 오래 다닐 수 있을까?'였는데, 여기서 가장 중요한 키워드는 '재미있게'와 '오래'였어. 말하자면 지속성에 관한 물음이었던 거지. 대학교 졸업 후 사회에 나오게 되면 어떤 일을 하면서 살아갈 것인지 선택해야 하고 이왕 하는 거라면 즐겁고 재미있게, 동시에 잘하고 싶었거든. 대체 불가한 사람이 되고 싶었고, 내가 하는 일을 너무 사랑해서 자부심과 자신감이 철철 넘치는 그런 커리어우먼이 되고 싶었던 거야.

무슨 일이든 잘해야 재미도 있는 거잖아? 나 역시 그 일을 잘해야만, 혹은 잘한다고 인정을 받아야만 의지와 의욕이 생기는 편이야. '재미'라는 것도 반드시 그러한 경우에만 찾아왔어. 게임으로 치면 매 스테이지를 마음먹은 대로 훅훅 깨나가는 느낌이랄까. 좋아하는 것으로만 따지자면 요리, 사진, 그림, 노래, 춤 등 무수히 많은 것들이 있었고 그래서 어쩌면 더 신중했는지도 몰라. 그래서 선택지의 폭을 신중하게 좁혀 나갔어. '좀 더 재능 있고 소질 있는 쪽은 무엇일까?' 하면서 말이야.

불필요하게 너무 많은 생각이 든다고 느낄 때쯤, 나는 내가 좋아하는 것들을 노트에 하나씩 나열하기 시작했어. 그 일을 하면서 받은 인정과 존중, 스스로 알게 된 수준 등을 요목조목 짚어 나갔고 어느 정도 추릴 수 있게 된 거야. 분명 요리를 좋아하지만 내가 만든 음식을 가족들에게 먹일 때마다 한바탕 난리를 피워야 했고, 운동도 좋아하지만 넘치는 의욕과는 다르게 친구들의 속도를 못 따라가거나 금방 지쳐서 교체되기 일쑤였지. 노래도 마찬가지였어. 노래를 부를 때는 너무 행복하지만 정작 내 노래를 듣는 사람들은 그리 즐거워하지 않았다는 사실을 알게 되었어. 내가 좋아하면서 동시에 잘하기까지 하는 건 아무래도 미술이었던 거야.

그림을 그릴 때는 어느 때보다 쉽게 몰입할 수 있었고, 주변 사람들이나 미술 선생님들로부터 칭찬도 많이 들었어. 그렇게 진로에 대한 구체적인 논의도 오갔지만, 시간이 지날수록 도화지나 캔버스에 그리는 그림이 지루하게 느껴지더라고. 이걸 '평생'할 수는 없겠다는 생각이 들었어. 물론 그림으로 대학을 가고 싶은 마음도 별로 없었어. 사회인으로서 직업을 선택할 수 있다면, 가만히 앉아서 하는 일보다는 몸을 좀 더 쓸 수 있는 일에 더 끌렸던 거야. 필드에서 직접 뛰면서 사람들과 섞여서 할 수 있는 일이라면 어쩌면 계속해서 해나갈 수 있을 것 같다는 생각이 들었어. 혼자서 사색하고 고뇌하며 그림 등의 창작을 하는 것도 좋지만 매일, 매주 그러고 싶지는 않았거든. 그렇게 계속 생각을 덧붙여 나갔어.

'캔버스를 벗어난 다양한 창작에 도전하고 싶어.'
'디지털로도 작업하며 이곳저곳 돌아다니며 일하고 싶어.'

'언어를 사용하지 않고도 사람들과 소통할 수 있는 일을 하고 싶어.'

이렇게 내가 원하는 부분들을 나의 진로에 덧붙여 상상해 봤지. 실제로 내가 그런 직업을 가진다고 생각하면서 말이야. 자신이 잘하는 것들을 유심히 지켜보는 걸 시작으로, 좋아하는 것들을 계속 붙여나가는 게 중요해. 결국, 좋아하는 것과 잘하는 것의 교집합을 찾아내고야 마는 거지. 예를 들어 네가 음악을 좋아하는데 노래를 못 불러. 그렇다고 낙담할 필요가 있을까? 음악이라는 분야에 가수만 있는 건 아니잖아. 음악을 좋아한다고 해서 무조건 가수가 되어야 한다는 법은 없어. 컴퓨터나 기계 다루는 데에 소질이 있는데 음악을 좋아한다면 사운드 엔지니어가 될 수도 있고, 음악과 관련된 프로그램이나 플러그인을 만드는 음악 소프트웨어 개발자가 될 수도 있지.

운동을 좋아하지만 운동 신경이 그리 좋지 않은 나는 엘리트 선수가 되는 건 조금 무리였어. 대신 창의력이 좋았고, 생각을 시각적으로 구현해내는 걸 잘했어. 운동의 역동성과 입체성을 가진 건축을 통해 나의 상상력을 3D로도 구현할 수 있음을 알게 되었고, 그렇게 건축과 디자인에 대한 호기심이 증폭되었어. 이것을 '접목'이라고도 볼 수 있을 것 같아. 나중에는 내가 좋아하는 것과 잘할 수 있는 모든 예술이 건축에 속해 있다는 것도 알게 되었지.

결국, 좋아하는 것과 잘하는 것 중 하나를 선택하기는 어려워. 어쩌면 스스로 옳다고 생각하는 일을 좇는 게 유일한 답일지도 모르지. 사실, 좋아하는 일보다 잘하는 일을 하는 게 낫다고 말하는 주변 친구들의 마음을 아주 이해하지 못하는 건 아니었어. 자본주의 사회에서 소외되지 않고 살아남기 위해서는 자기만의 경쟁력을 가져야 하기 때문이지. 그렇게 되면 재정적인 어려움이나 심리적 갈등에서도 어느 정도 벗어나게 돼. 잘하는 일을 할 때는 비교적 쉽게 인정받을 수 있는데, 이는 성취감과 직결되기도 하니까.

재미있는 건, 잘하는 일을 한다고 해도 어느 순간 그 일도, 자신도 평범하게 느껴지는 순간이 찾아온다는 거야. 보이지 않는 곳에서 치고 올라오는 사람들이 반드시 있고, 무서울 정도로 재능 있는 사람들도 눈에 보이게 되지. 완벽한 사람은 없기에 늘 하던 일에도 실수가 따르기 마련이고, 그러다 보면 점점 일에 권태가 찾아올 거야. 그러는 사이 자신감도 떨어지고 올바른 길을 택한 게 맞는지 의구심이 생길 텐데, 스스로에 대한 믿음만 확고하면 그 시기 또한 잘 극복해 낼 수 있을 거라 생각해. 그 어떤 상

나는 어떤 사람이 되고 싶었을까?

황에서도 무너지지 않는 '믿음의 힘' 말이야. 그리고 그 힘은 대개 '재미'에서 나와.

끊임없이 질문하기

쓸데없이 질문하는 아이

열일곱 살 때, 머릿속을 떠도는 희미한 질문이 하나 있었어.
'나는 누구일까…?' 호기심에서 시작된 이 원론적인 질문에 대한
명쾌한 답을 찾지 못했고, 스스로 점점 더 미궁으로 빠져들었어.
그즈음 나는 만나는 사람들에게 질문을 던졌지.

"너는 네가 누구라고 생각해?"

"우리는 누구일까?"

"선생님은 선생님이 누구라고 생각하시나요?"

남녀노소 할 것 없이 만나는 모든 사람에게 똑같은 질문을

했고, 모두 똑같은 답을 내놓았지.

"왜 갑자기 그런 쓸데없는 걸 물어봐?"
"너 보기보다 엉뚱한 데가 있구나?"

그런 답변을 들을 때마다 '내가 정말 엉뚱한가?' 하며 의심하기보다는 어떻게든 질문에 대한 답을 얻어야겠다는 생각이 더 강하게 들었어. 아이러니하게도 뜬금없이 떠오른 사소한 질문 하나가 나를 정말 많이 변화시키기 시작했지. 작은 질문이 다른 여러 질문을 파생시켰거든. 내가 왜 태어났는지, 살아가야 하는 이유는 무엇인지, 무엇을 위해 이토록 아등바등 열심히 일하고 있는 건지, 또 나는 어디로 가고 있는지 등 수십 가지의 질문이 동시다발적으로 떠오르면서 마치 미아가 된 기분마저 들었어. 출구 없는 미로에 갇혀 제자리를 맴도는 느낌이랄까….

급기야 우울한 감정에 휩싸이기 시작했어. 내가 누군지에 대한 답을 찾지 못하니 살아가야 할 이유 또한 찾지 못하겠더라고. 그저 살면서 한 번쯤 무심코 던져보고 말 질문 앞에서 이렇게까지 심각해질 일인가 싶겠지만 당시의 나는 매우 진지했거든. 무엇보다 그 질문 자체가 나라는 사람을 만들어 줄 중요한 질문이라는 것을 나는 알고 있었어. 주변 사람들이 말했던 '쓸데없는

나는 어떤 사람이 되고 싶었을까?

질문들'을 끝까지 물고 늘어진 덕에 여러 도전을 할 수 있었고, 그 도전을 통해 유의미한 경험을 해나갈 수 있었던 거야. 구체적으로는 삶의 이유와 꿈, 방향성, 삶의 방식과 태도에 대한 갈피를 잡게 된 거지.

너도 일상생활을 하다 문득 떠오르는 질문이 있다면 무시하지 말고, 한 번쯤은 노트에 일일이 적어보길 바라. 밥 먹다 떠오르는 질문도 좋고, 길을 걷다 불현듯 떠오르는 질문도 좋아. 그때의 내 감정은 왜 그랬는지, 그때 그 친구는 왜 그랬는지, 나는 언제 가장 강해지는지, 어떤 상황에서 가장 많이 울었는지 등 사소한 질문이라도 상관없어. 네 안에서 발생한 호기심, 의구심, 의문들에 관심을 주기 시작하면 그에 대한 너만의 대답이 곧 열매 맺기 시작할 거야. 그 열매를 누가 가장 많이 가지고 있냐에 따라 개성이나 존재감, 자신감, 성장의 폭이 달라질 테니까 말이야.

나는 사실 이해력이 부족한 아이였어. 다른 친구들이 수학 문제를 막힘없이 풀어나갈 때 혼자 이해하지 못해서 끙끙거릴 때가 많았지. 선생님들이 항상 '공식은 그냥 외워!'라고 하셨지만 그게 뜻대로 되지 않았고, 그런 내 자신이 답답했어. 그냥 하라는 대로, 외우라는 대로 외울 수 있다면 모든 게 편할 텐데 완벽히 이해되기 전까지는 아예 진도를 따라가지도 못했으니까. 가끔은 나는 내가 바보인 줄 알았어. 질문하는 습관이 거기서 비롯된 거야. 선생님 입장에서는 조금 귀찮았을 수도 있겠지만, 나는 내가 알 때까지 질문했어.

결국, 이것이 나의 단점을 보완하게 해주었어. 이해될 때까지 묻고, 다시 들여다보는 습관이 '기초'를 탄탄하게 쌓아준 셈이지. 그러니 답을 얻을 때까지 네 안에서 일어나는 모든 질문을 쫓는 거야. 나중에 그 해답들이 쌓이면 적절한 상황에서 마음껏 꺼내 쓸 수 있을 테니까.

나는 어떤 사람이 되고 싶었을까?

리포터가 되어 인터뷰하기

좋아하는 연예인이나 운동선수들의 인터뷰 같은 거 찾아본 적 있지? 나도 어렸을 때부터 내가 멋있다고 생각하는 사람들의 인터뷰가 실린 영상이나 잡지를 꼭 찾아봤어. 평소에는 알기 어려웠던 그들의 진지한 속내와 인생을 살아가는 사적인 방식들을 알 수 있는 가장 좋은 방법이라고 생각했거든. 그들에게 주어지는 질문을 읽고 있을 때면 그 질문에 대한 답을 내 입장에서도 한 번 생각해보게 되더라고. 그러다 스스로를 인터뷰이로 삼아보는 건 어떨까 싶었어. 내가 알고 싶은 누군가를 인터뷰할 수 있는 아주 귀한 기회라고 생각하고, 궁금한 것들을 모두 적어 내려갔어. 그리고 나를 앉혀 놓고 하나씩 질문해 보았지.

정해진 방법은 없어. 영상을 찍으면서 정말 인터뷰를 하듯 해볼 수도 있고, 서면 인터뷰처럼 글로 써볼 수도 있지. 핸드폰이나 컴퓨터 등의 전자 기기를 100% 활용하기 위해서는 구매 후 사용 설명서를 먼저 읽어야 하는 것처럼 너도 너의 사용 설명서를 만들고, 너의 기능에 대해 알아보는 시간이 필요해. 물건도 적재적소에 활용할 때 그 물건의 진가를 알 수 있는 법이니까.

'이 사람은 이러한 장점과 재능이 있습니다. 이런 상황에서는

이 사람을 이렇게 사용해 보세요.'

긴급한 상황이 생겼을 때 당황하지 않고 대처할 수 있는 매뉴얼까지 적어 내려갈 수 있다면 반은 성공이야. 사람들에게 모두 똑같은 성능을 가진 핸드폰을 나눠줬을 때 누군가는 호두를 까는 정도로만 쓸 수도 있고, 누군가는 웹 서핑을 할 수도 있겠지. 또 누군가는 전화나 문자 기능만 활용할 수도 있고, 핸드폰의 기능을 모두 파악한 사람이라면 멀티태스킹이나 원격조정 등도 해볼 수 있을 거야. 기능을 잘 모르는 사람이 핸드폰으로 셀카만 찍고 있을 때, 어떤 사람은 단편영화를 찍을 만큼 다양한 기능을 다루고 있을지도 몰라.

그렇다면, 그 기능을 완벽하게 파악하지 못하면 스스로를 낭비하는 것일까? 그렇지도 않아. 꼭 사용 설명서대로 하지 않아도 얼마든 응용할 수 있거든. 단, 그 응용은 자기 자신만이 할 수 있다는 걸 알아둬. '나는 아무것도 못 해', '나는 쓸모없어', '나는 재능이 부족해'라는 말을 달고 살았던 나도 '내가 혹시 핸드폰으로 호두만 까고 있던 건 아닌지' 되돌아보기 시작했어. 그리고 나에게 주어진 게 무엇인지 파악하려고 노력했지.

처음에는 친구가 자기가 가진 숟가락으로 밥도 먹고 국도 뜨

길래 나도 당연히 숟가락의 기능을 따라 하려 했었어. 내가 젓가락을 가지고 있다는 것도 모르고 친구가 가진 숟가락 흉내만 내고 있었던 거야. 숟가락은 숟가락의 기능이 있고 젓가락만의 젓가락의 기능이 있는 건데, 나는 나만의 강점을 찾기 전에 무작정 남의 기능을 따라 하기 바빴어.

'나와의 인터뷰'를 통해 네가 어떤 사람인지 찾는다면, 내가 겪은 불필요한 시행착오를 줄일 수 있어. 그리고 이것은 가장 가치 있는 일을 하는 첫걸음이 되어줄 거야.

자존감 10000%

'너 자신을 믿어라!'라는 말은 살면서 가장 많이 들어본 말 가운데 하나가 아닐까 싶어. 시험을 볼 때나 경기를 치를 때, 발표를 할 때도 주변에서는 언제나 자기 자신에 대한 믿음을 강조했지. 좋은 말도 계속 들으면 뻔하고 식상하게 느껴지잖아? 불안에 떠는 누군가에게 위로와 용기를 주는 듯한 껍데기뿐인 문장···. 나에게는 이 말이 딱 그랬어. 그리고 이 말이 지닌 힘을 깨닫기까지는 꽤 오랜 시간이 걸렸지.

혹시 《해리포터》 시리즈를 책이나 영화로 만나본 적 있어? 나는 어렸을 때부터 《해리포터》를 너무 좋아해서 책은 물론이고 영화로도 몇 번씩 돌려봤던 기억이 있어. 극 중 주인공 해리와 그의 친구 론이 중요한 경기의 예선전을 앞두고 아침 식사를 하는 장면이 나오는데, 론은 선발로 출전해야 한다는 압박감과 긴장감에 식사도 제대로 못 하고 있었지. 그때 해리가 론에게 주스를 건네며 주스에 행운의 물약을 타 놓았다는 걸 은근슬쩍 알려주었어. 론은 거침없이 주스를 마신 뒤 왠지 모를 자신감에 힘입어 성공적으로 경기를 마칠 수 있었지.

경기가 끝나고 친구들의 환호를 받는 론의 모습을 흐뭇하게 지켜보던 해리는 또 다른 친구 헤르미온느에게 슬쩍 말했어. 자신은 행운의 물약을 넣은 적이 없다고…. 실제로 해리는 주스에 행운의 물약을 탄 것처럼 속이기 위해 시늉만 했을 뿐이었어. 결국, 론을 활약할 수 있게 만든 건 행운의 물약이 아니라 스스로에 대한 믿음 때문이었어. 한 치의 의심도 찾을 수 없는 강력한 믿음과 확신이 론을 승리로 이끈 거야.

영화 속에서만, 소설 속에서만 일어날 수 있는 일이라고? 물론 나도 확신과 믿음이 주는 효과를 경험해보기 전까지는 이 말이 크게 와닿지 않았어. 또래 친구들과는 조금 다른 길을 걷기로 결심한 순간부터 불투명한 앞날을 걱정할 수밖에 없었던 거야. 그래서 매일매일 의심 속에서 불안에 떨어야 했지. 무언가에 새롭게 도전한다면 분명 시작이 매끄럽지 못할 거고, 결국 실패하게 될 거라는 두려움 때문에 일어날 수 있는 온갖 나쁜 경우에 대해 상상했어. 특히 중요한 일을 앞두고 있을 때는 온갖 공포에 휩싸였어.

'만약 거기서 실수하면 어떡하지?'
'사람들의 반응이 시큰둥하면?'
'갑자기 아무 기억도 안 날 수 있어.'

이런 생각을 하다 보니 멘탈이 흔들리기 일쑤였는데, 내가 더 겁을 먹었던 이유는 나의 부정적인 상상이나 예측대로 모든 일이 진행되었다는 거야. 당연히 결과도 좋지 않았지. '이 부분에서 실수할 것 같아'라고 생각하면 실제로 그 부분에서 똑같은 실수를 반복했고, 사람들의 반응 또한 좋을 수가 없었어. 그럴 때마다 나는 이 세상에서 사라지고 싶은 기분마저 들었어. 갑자기 땅이 꺼져 내가 없어지거나 하늘로 끝없이 솟구치면서 말이야.

하지만 머지않아 깨달았어. 그렇게 부정적인 생각과 걱정들로 내 머릿속을 채우면 '제발 그렇게 되게 해주세요'라며 소원을 비는 것과 다름없다는 걸 말이야. 반대로 내가 원하는 대로 될 거라는 확신을 가지면 언제나 예상한 것처럼 잘 되었지. 하지만 너도 알다시피 언제나 100%의 확신을 갖는 건 힘들잖아? 그럴 땐 확신까진 아니더라도 상상 정도는 해보는 거야. 내가 원하는 결과를 얻고 웃으며 집에 돌아가는 자신의 모습이라든가 능수능란하게 일을 완료하고 마음 편히 밥 먹으러 가는 모습을 말이야. 여기서 중요한 건 실제로 그렇게 이루어졌다고 믿는 거야. 그러면 자연스레 이렇게 생각하게 돼.

'어차피 내가 원하는 대로 흘러갈 테니, 하던 대로만 하면 돼.'
'긴장되는 것과는 별개로 내게 주어진 지금 이 순간이 너무 재밌고 즐겁군.'

이렇게 주문을 걸듯 계속 이야기하는 거야. 많은 사람들 앞에서 발표하거나 의견을 말하는 게 무섭다면 발표 시간을 놀이공원에서 노는 시간이라고 생각해봐. 그러면 긍정적인 생각이 머릿속을 먼저 차지하게 될 거야. 결국, 무슨 일이든 자신이 생각하는 대로 진행되는 법이니까. 플라시보 효과라고 들어봤어? 효과가 없는 약제를 진짜 약이라 생각하고 섭취했을 때 환자의 증상이 호전되는 현상을 일컫는 의학 용어야. 내가 경험한 플라시보 효과에 대해 잠깐 얘기해줄게.

대학교에 들어와 발표의 늪에서 허우적거리던 시기였는데, 건축학과는 매주 자신이 작업해놓은 작품들을 시각자료로 만들어 발표해야 해. 중간고사나 기말고사가 아닌 중간 마감, 최종 마감으로 표현할 만큼 어떻게든 '작품'으로 증명해야 하지. 정해진 기한 내에 작품을 잘 완성하고, 그것을 다른 이들에게 설명하는 것은 일종의 훈련이자 훌륭한 건축가가 되는 첫 단계라고 볼 수 있어. 더불어 아무리 준비를 많이 해도 더 잘하고 싶은 마음에 온갖 걱정들이 나를 집어삼키는 순간이기도 해.

전체 학년과 학년별 교수님들이 전부 모이는 통합 발표 자리에 나설 때는 전날까지 잠을 못 잘 정도로 떨었어. '선배들의 눈에는 내 작품이 얼마나 우스워 보일까?' 하면서 말이지. 발표를 시작하기 전부터 주눅이 들고 아무것도 준비하지 못하는 내 모습이 우습더라고. 그때 나 자신에게 '작품을 위해 최선을 다했고, 1학년이니까 부족한 건 당연해. 준비한 만큼만 이야기하고 돌아오자'라고 말했어.

아무리 스스로 부족함을 느낀다고 해도, 보여줘야 하는 순간만큼은 사람들이 뭐라고 하든 자신의 생각이 옳다고 느껴야 해. 조금은 뻔뻔해져도 좋다는 얘기지. 실제로 발표를 할 때 다른 건 신경 쓰지 않고 작품이 지닌 의미와 이 결과물이 나오기까지의 과정을 중점으로 다루었고, 다행히 우려했던 것만큼 떨지 않았어. 타인에게 인정받으려고 하는 순간, 그들이 생각하는 보

편적인 성공이나 우수함을 기준으로 스스로를 바라보게 돼. 그렇게 되면 자신만의 독창적인 생각과 색깔보다는 오직 '남들이 보기에 완벽해 보이는 값'만을 찾게 되지. 이 함정에 빠져서는 안 돼.

JJ GIRL'S DIARY

Chapter 2

<u>재료 손질</u>

 다른 누구도 아닌, 너

▲▲▲

남을 위하는 건 좋지만, 남을 위해 사는 건 안 돼

환경을 탓하는 조연, 환경을 바꾸는 주연

독특한 나만의 레시피를 위한 첫 번째 스텝

너는 너일 때 가장 아름다워

독서를 통해 만나는 또 다른 나

간절하다면 시작해 봐

남을 위하는 건 좋지만,
남을 위해 사는 건 안 돼

무엇을, 왜 좋아하는지 아는 사람

혹시 김치찌개 좋아해? 나는 김치찌개만 먹으면 없던 입맛도 살아날 만큼 좋아해. 여러 재료를 넣은 김치찌개도 즐겨 먹지만, 묵은지와 돼지고기만 들어간 아주 클래식한 김치찌개를 특히 선호해. 밥을 비벼 먹기 딱 좋거든. 그리고 무나 다시마를 넣은 육수보다는 사골 육수를 넣어 끓인 김치찌개가 내 입에는 더 맞더라고. 된장찌개도 좋아하지만 그보다 조금 더 깔끔하면서 개운한 느낌이 든달까?

갑자기 김치찌개 이야기는 왜 하냐고? 너한테도 묻고 싶은 게 있거든. 너는 김치찌개와 된장찌개 중 어떤 걸 더 좋아해? 둘

중 하나를 골랐다면, 그 이유도 궁금해. 단순히 '맛있으니까'라는 대답 말고 구체적인 이유를 말해주었으면 좋겠어. 실없는 질문이라 생각할지도 모르지만, 이 가벼운 질문에 대한 답은 생각보다 쉽게 나오지 않을 수도 있어.

한국에서 학교에 다닐 때 나는 유독 스포츠 브랜드를 좋아했어. 다른 이유는 없고, 단지 당시에 그 브랜드가 유행했기 때문이지. 열 명의 친구들 가운데 일고여덟 명이 그 브랜드의 슬리퍼나 바지, 가방을 들고 다녔고 나는 그게 왜 좋은 브랜드인지 생각해 볼 겨를도 없이 무작정 부모님께 사달라고 졸랐어. 그때 엄마와의 대화가 정확히 기억이 나.

"엄마, 나 그 브랜드 옷 사고 싶어."
"왜 꼭 그 브랜드여야 해?"
"그야 뭐… 예쁘니까!"

내가 여기서 말하고 싶은 건, 다수의 의견에 네가 무작정 휩쓸리고 있는 건 아닌지, 무언가를 좋아하는 너만의 이유가 있는지 한 번쯤은 꼭 물어봐야 한다는 거야. 단지 사람들이 좋아해서 좋은 브랜드처럼 느껴진다면 다른 방면에서도 너는 너의 개성이나 색깔을 드러내지 못할 개연성이 커. 네가 만약 무언가를

나는 어떤 사람이 되고 싶었을까?

좋아하는데 그것이 '왜' 좋은지 명확히 말할 수 있다면, 네 기호 (嗜好)에 대한 감각을 훨씬 폭넓게 가져갈 수 있을 거야.

앞에서도 말했지만, 유학생 시절에 나는 그림에 유독 흥미가 많았어. 대상을 있는 그대로 그리는 것보다 내 관점에서 왜곡시켜 그리는 것에 많은 재미를 느꼈지. 또 색깔을 추상적으로 입혀 대상에 완전히 다른 성격을 부여해주는 방식도 즐겼어. 나아가서는 인물을 2차원적으로 표현하지 않고 3차원적으로, 입체적인 방식으로 표현하는 것에 매력을 느끼기도 했어. 그렇게 나는 미술이라는 분야를 좋아하면서도 단순히 '그림 그리는 것' 자체에는 매료되지 않았어. 무언가를 나만의 방식으로 해석하고 새롭게 왜곡시키는 것에 빠져들었던 거지. 물론 처음에는 단순한 '흥미'로부터 출발했지만, 그 이유를 세밀하게 파헤치다 보니 '꼭 미술이 아니어도 되겠는데?' 하는 생각에 다다랐어. 무언가를 새롭게 해석하고 표현하는 행위가 반드시 미술을 통해야만 하는 건 아니니 말이야. 사진, 그래픽 디자인, 패션 등 나에게 주어진 옵션은 다양했어.

그렇게 사진 수업과 멀티미디어 수업을 병행하며 하나씩 체험해보기 시작했어. 취합된 경험들을 통해 또 좋아하는 것과 잘하는 것의 교집합을 찾을 수 있었지. 건축을 선택하기까지 이러

나는 어떤 사람이 되고 싶었을까?

한 과정들은 내게 많은 도움을 주었어. 지금도 많은 이들이 "너는 어떻게 처음부터 건축에 대한 확신을 가질 수 있었어?"라고 내게 물어오지만, 처음부터 확신과 목표가 있었던 게 결코 아니라는 거야. 나만의 확신과 목표를 가지고 싶다면 내가 무엇을 좋아하고, 또 그것을 '왜' 좋아하는지 명확히 알아야 해.

어른들 말을 잘 듣는 아이

|

"무슨 일을 할 때, 엄마가 시켜서 해야 하는 일이라면 하지 마."

어렸을 때부터 엄마가 나에게 꼭 해주던 말이야. 엄마뿐 아니라 다른 모든 어른들에게도 해당하는 말이었지. 수동적 삶이 가진 무미건조함을 경계하라는 뜻이었는데, 당시에는 '엄마 말을 잘 듣는 딸이라면 오히려 좋은 게 아닌가?' 하는 의구심이 들기도 했어. 학교에서 선생님 말씀을 잘 듣지 않아서 혼났던 경우는 있어도 잘 들었다고 혼났던 경우는 없었으니까 말이야.

시간이 좀 지나서도 엄마는 나에게 진로에 관한 많은 조언을 해주셨어. 항상 자신이 하고 싶은 것을 할 줄 아는 사람이 되어야 한다고 말씀하셨지. 그 사람이 세상에서 가장 용기 있는 사람이라는 말도 덧붙이셨어. 그때마다 속으로 '하고 싶은 걸 못하는 사람이 어디 있어?' 하면서 웃어넘겼는데 졸업반이 가까워지면서 그게 결코 쉽지 않다는 걸 깨닫게 되었어. 심지어 먹고 싶을 때 먹고, 놀고 싶을 때 놀고, 쉬고 싶을 때 쉬는 단순한 일조차 말이야.

그러다 성인이 될 즈음에는 내가 사회인으로서 어떤 쓰임새가 있는지 진지하게 고민하기 시작했어. 쉽게 말해, 내가 '무엇을 해야 하는지' 신중하게 고심한 거지. 사회 구성원으로서 주변인들에게 좋은 영향력을 주고 싶었고, 필요한 사람이 되고 싶었고, 어딜 가든 인정받는 사람이 되고 싶었어. 떳떳하게 자기가 하고 싶은 일을 하면서 사는 삶… 생각만 해도 근사하잖아?

이제는 하고 싶은 게 너무 많아 문제였고, 무엇보다 나의 미래를 위해 내가 스스로 선택해야 한다는 점이 참 무서웠던 것 같아. 그래서 쉽사리 선택하지 못하겠더라고. 내가 선택한 길이 막다른 길이어서 남들보다 두 배, 세 배 고생해야 하는 건 아닌지 걱정이 되었고, 이 분야에서 어느 정도 반열에 올라서도 인정받지 못하는 일일 수도 있다는 걱정도 생기기 시작했지. '배고픈 직업'이 될 수도 있으니 신중하게 생각해보라고 조언하는 사람도 있었어. 이는 내가 하고 싶은 것에 '온전히' 집중하지 못한 이

나는 어떤 사람이 되고 싶었을까?

유이기도 해.

　그때, 엄마가 내게 해주었던 말의 의미를 곱씹었어. '하고 싶은 일을 할 줄 아는 사람은 누구보다 용감한 사람'이라는 말의 진정한 의미를 찾게 된 거지. 어떤 선택을 하든 후회가 따를 텐데, 그 후회는 오로지 자신의 것이어야 한다는 사실도 더불어 깨달을 수 있었어. 힘들고 외진 길을 가고 싶지 않아서 다른 사람들이 말하는 길로 들어설 수도 있겠지. 그러나 나중에 조금이라도 힘든 순간이 찾아오면 반드시 세상을 원망하고 미워하게 될 거야. 마찬가지로 좋은 대학에 가고, 좋은 회사에 취직해야 인생이 편하다고 했을 때, 그렇게 믿고 간 대학이나 회사에서 힘에 부치는 순간이 오면 어김없이 부모를 원망하게 되겠지.

　결국, 모든 선택에는 책임이 따를 수밖에 없어. 너를 믿고, 해보는 거야.

환경을 탓하는 조연,
환경을 바꾸는 주연

"너는 집에 돈이 많아서 유학도 가고… 좋겠다."
"부모님이 다 지원해주시니까 하고 싶은 거 하면서 편하게 사는 거지?"

언제부터인가 나의 겉모습만 본 사람들로부터 이런 얘기를 듣는 일이 많아졌어. 물론 누군가를 깊이 알기 전까지는 겉으로 드러나는 모습만으로 판단하고 추측할 수밖에 없겠지. 그러나 태생적으로 주어진 환경은 쉽게 바꿀 수 없을지라도, 인생을 살아가는 태도 자체는 바꿀 수 있다는 걸 명심해야 해. 이미 너무 많은 걸 가졌기에 이렇게 쉽게 얘기할 수 있을 거라고? 천만에, 내 유년기 이야기를 들려줄게.

나는 어떤 사람이 되고 싶었을까?

나를 키운 건 사실 우리 이모와 할머니였어. 내가 태어나기 전부터 해왔던 엄마의 사업들이 줄줄이 어려워지기 시작하면서 당장 어린 나를 입히고 먹일 돈이 없었거든. 밤낮없이 일하다가 집에 잠깐 들어와 쪽잠만 자고 다시 일터로 나가는 날이 대부분이었지. 그래서인지 어렸을 때부터 엄마보다는 이모와 할머니랑 있는 게 더 익숙했어. 잠든 나를 엄마가 안아 들고 방으로 옮겨 줄 땐 이모랑 잘 거라며 울기도 하고, 할머니가 일하시는 시장에 따라가겠다고 떼를 쓰기도 했어. 거기서 할머니와 함께 꼬치를 만드는 게 어린 나에게는 큰 재미이자 놀이였거든.

또 엄마와 아빠는 내가 아주 어렸을 때 이혼을 하셔서 자주 만나지도 못하는 상황이었고, 자꾸 어려워지는 형편 때문에 엄마의 얼굴을 보는 날도 점차 줄어들었어. 친구들이 라면을 먹을 때 돈이 없어 편의점 앞에서 혼자 서성이기도 하고, 집에 밥이 없어 굶고 있는 나에게 때로 집주인 아주머니가 찾아와 간식을 챙겨주셨을 정도니까. 사람들의 눈에는 내가 티 없이 맑고, 늘 밝기만 한 사람처럼 느껴질 수도 있을 거야. 고생의 '고' 자도 모르는 그런 사람으로 말이야, 그러나 누구나 자신만의 아픔이 있기 마련이잖아? 타인의 고통이나 아픔은 눈에 잘 보이지 않아. 왜냐, 자기가 처한 상황이 가장 힘든 것처럼 느껴지거든. 그래서 눈에 보이는 것들로만 판단하고 오해할 수밖에.

"겨우 그 정도로? 내가 겪었던 상황이 더 불우하고 불행했어."

어떤 사람은 내게 이렇게 말하기도 했지. 마치 '불행 배틀'을 하자는 듯이 말이야. 나는 내가 힘들게 자랐다고 해서 '내가 가장 힘들었을 거라고' 생각하지는 않아. 분명히 나보다 더 열악하고 어려운 환경에서 그 모든 것들을 극복하고 보란 듯이 성공한 사람들도 많으니까.

예컨대 길에서 넘어져 울고 있는 유치원생에게 "울긴 왜 울어. 세상에는 너보다 훨씬 큰 고통을 받는 사람들이 많아"라고 말하는 사람이 있다면 바람직하다고 볼 수 있을까? 그 아이에게는 처음 겪는 어마어마한 아픔일 수도 있는데 말이지. 자신과 다른 이들의 유년기를 비교하려 든다면 한도 끝도 없이 불행해질 거야. 불행의 정도는 결코 상대적일 수 없어. 나는 네가 당차게 살았으면 좋겠어. 주어진 것이 좀 적더라도, 조금 불행하다고 느낄지라도 앞으로 만들어갈 수 있는 것들이 훨씬 많다는 걸 믿었으면 해.

사이드미러보다 자동차 앞유리가 더 큰 이유가 뭔지 알아? 이미 벌어진 일들보다 앞으로 맞닥뜨릴 일들이 훨씬 더 중요하기 때문이야. 앞으로의 가능성을 무시하고 과거의 상처를 안고

놓아주지 않는다면 힘들고 불행해지는 건 오로지 자신일 테지. 특히 경계해야 할 건 불필요한 '비교'야. 더러는 타인과 자신을 비교하며 동기부여를 얻곤 하는데, 이런 긍정적인 영향을 받는 사람은 굉장히 드물어. 인구가 80만 명이 채 안 되는 부탄이라는 작은 나라에는 그 흔한 맥도날드가 없대. 그럼에도 행복지수가 무려 97%나 되는, 세계에서 가장 행복한 나라였어. 인터넷과 핸드폰이 보급되기 전까지는 말이야. 그곳의 사람들은 비교할 대상이 없으니 남들보다 조금 덜 가졌음에도 이렇다 할 불행을 느끼지 못한 거지.

그러다 어느 순간 인터넷이 들어오기 시작하면서 자신들의 나라가 다른 나라에 비해 턱없이 가난하다는 것을 알게 되었어. 사람들은 충격에 빠졌고, 그때부터 행복지수는 급격하게 떨어졌어. 청년들은 하나둘 나라를 떠났고, 경제도 불안정해지기 시작했지. 남들과 비교조차 하지 못할 정도로 우물 안 개구리가 되라는 뜻이 아니야. 비교가 초래하는 불행에 대해 말해주고 싶을 뿐이야. 그런데 사실상 비교라는 걸 아예 안 하면서 살기란 어려워. 비교하지 않으려 해도 눈에 보이면 자연스레 하게 되니까.

나 또한 수많은 비교를 하며 자랐지만, 그것이 큰 장애물로 남지 않은 이유가 있어. 아빠와 이혼했다는 사실부터 삶의 다양한 부분 하나까지도 엄마는 숨기지 않으셨어. 현실을 있는 그대로 받아들이는 능력을 그때부터 자연스레 습득하게 된 것 같아. 더불어 이는 내가 가진 모든 콤플렉스와 트라우마를 극복하고 견딜 수 있게 해주었어. 친구가 무심코 던진 말 한마디에 상처받은 적이 누구나 한 번쯤 있을 거야. 그런 순간들이 모여 트라우마가 되고, 나중에는 그 친구에 대한 원망만 남는 경우가 많아.

호주에 있을 때 인종차별을 하며 나를 괴롭히던 흑인 친구가 있었어. 수업 시간에는 내 머리를 향해 종이를 구겨 던지곤 했지. 그때 만약 아무런 대응도 하지 않고 그저 이 순간이 지나가길 조용히 참고 기다렸다면, 나는 그 이후부터 흑인을 만나기만 해도 몸을 떨며 피해 다녔을 거야. 하지만 다행히도 당시 나는 그 친구의 멱살을 쥐고 감정을 숨기지 않고 모두 표현했어. 지금의 나라면 감정의 표출 방식에 대해 좀 더 신중하게 고민했겠지만, 감정을 표출하는 것 자체는 크게 달라지지 않았을 거야. 같은 맥락으로 지금의 아빠가 친아빠가 아닌 새아빠라는 사실을 숨겼다면 뒤에서 수군거리는 뒷담화에 주눅이 들어 스스로 이를 커다란 약점으로 여겼겠지. 또 학교를 자퇴했다는 사실을 부끄러워하고 숨기려 했다면 사람들이 손가락질했을 텐데, 이는 또 다른 나의 콤플렉스이자 트라우마가 되었을 거야. 열등감을 스스로 만드는 꼴이 되는 거지.

결국, 나는 모든 것들을 숨기지 않았고 그러한 결정들이 지금의 나를 조금 더 당당하게 만들어주었어. 나의 선택과 환경에 일말의 부끄러움도 느끼지 않았기에 가능했던 일이야. 자고로 전쟁을 치를 때도 가장 두려운 적은 약점을 모르는 적이라고 했어. 운동선수들이 가장 두려워하는 경합 상대도 다름 아닌 신인 선수야. 당장은 어떤 공략도 세울 수가 없다는 거지. 그러니 세상이 너를 무너뜨릴 공략법을 세우게 두지 마. 너를 가로막는 모든 존재가 네 약점을 알지 못하게 만드는 거야. 방법은 간단해. 약점이 자신의 입에서 아무렇지 않게 나오는 순간, 그 약점은 '약점의 옷'을 벗어던지게 될 거야.

그러기 위해서는 너의 약점을 스스로가 약점으로 느끼지 않아야 해. 너의 분노, 너의 기쁨, 너의 아픔, 너의 즐거움에 솔직해져야 해. 부모님이 이혼했다는 사실은 나의 아킬레스건이었어. 숨기면 숨길수록 그 약점은 더욱더 커졌고, 어느 순간에는 '굳이 이렇게까지 쩔쩔맬 필요가 있을까?' 하는 생각이 들더라고.

'모든 게 성가시네. 그냥 다 부숴 버리자.'

나는 어떤 사람이 되고 싶었을까?

이를 숨기려 했던 이유를 되짚어 보니 숨겨져 있던 나의 감정들이 나오더라. 친아빠가 나를 버린 것 같아 화가 나고 슬프다는 걸, 어쩌면 엄마를 원망하고 있다는 걸, 내가 아직 부모님께 더 사랑받고 싶어 한다는 걸, 새아빠를 받아들이는 건 친아빠의 존재를 부정하는 일인 것 같아 죄책감이 든다는 걸…. 스스로에게 솔직해지고 나니 알 수 없는 후련함이 밀려오더라. 그리고 엄마에게 이런 나의 속마음도 모조리 털어놓았어. 이 문제들에게서 언제까지고 도망칠 수는 없는 노릇이니까. 이후 엄마의 마음과 나의 마음에 조금씩 새살이 돋기 시작했어.

이렇듯, 아물지 않은 상처를 무작정 내보이는 게 아니라, 어디에 상처가 났는지 천천히 들여다보고, 얼마나 곪았는지 확인한 후 그에 맞는 적절한 치료를 먼저 해야 해. 그리고 때로는 새살이 돋아도 흉터가 남을 수도 있어. 누군가가 이 흉터를 욕해도 네가 아무렇지 않다면 그뿐이야. 그 상처가 너를 비굴하게 할 수도 없고, 그 상처가 너를 나약하게 할 수도 없어.

만약 구멍 난 양말을 손가락질하는 사람이 있다면, 그 사람은 양말의 작은 구멍 하나에도 휘둘리는 사람일 거야. '나는 이렇게 그릇이 작은 사람이에요!' 하며 자신의 옹졸함을 스스로 떠벌리는 셈이지. 그런 사람을 상대로 기죽을 필요가 있겠어?

독특한 나만의 레시피를 위한
첫 번째 스텝

과정을 보고 배우되, 같은 결과를 바라진 마

"나는 나만의 색깔을 찾겠어!"

내가 전진소녀로서 본격적인 활동을 시작하기 전에 가장 먼저 했던 다짐이야. 다른 사람들에게는 없는, 유일무이한 나만의 색깔을 갖길 원했지. 아마 이 책을 읽고 있는 너도 이런 생각을 한 번쯤은 해봤을 거야. 친구들과 둘러앉아 서로의 꿈에 대해 한바탕 떠들면서 말이야. 나 역시 그랬어. 무엇이 되고 싶은지, 그 꿈을 위해 무엇을 하고 있는지 공유하고 나면 모든 게 순조롭게 진행될 것 같은 생각이 들곤 했어. 그러는 동시에 이상한 강박도 생기기 시작했고, 곧 이런 마음에 휩싸이게 되었지.

나는 어떤 사람이 되고 싶었을까?

"나만의 색깔을 찾으려면 남들과 달라야 해."

"차별성 없이는 성공할 수 없어!"

다시 말해, 나만의 레시피를 만들겠다고 다짐은 했지만 참고 자료나 기존의 좋은 레시피를 보며 공부하고 연구해나가지 않았다는 거야. 아무것도 해보지도 않고, 아무런 정보가 없는 상태에서 혼자 똑같은 자리에서 계속 맴돌았던 거지. 지금도 많은 친구들이 물어봐. 나만의 꿈을 찾으라고 하는데, 도대체 그 '나만의 것'이라는 게 뭔지 모르겠다고. 너는 자신 있게 대답할 수 있겠어? 답을 찾는 과정이 힘들 뿐, 그 방법은 사실 간단해.

나만의 레시피를 만들기 위해서는 먼저 경험의 양이 풍부해야 해. 그리고 거기서 가장 마음에 드는 요소들을 골라내야 하지. 남들과 달라야 하기에 남들의 레시피를 완전히 무시하겠다? 이는 어쩌면 아주 오만하고 어리석은 방법이야. 경험이라는 것은 다른 사람들의 문화와 삶의 방식, 지혜를 살펴보는 것으로부터 시작해. 그것을 따라 해보기도 하고, 거기서 불거지는 모든 문제를 직시하면서 차츰 성장해 나가지. 맛있는 음식을 먹고 유명한 장소에 가보는 것도 좋은 여행이 될 수 있지만 그들, 혹은 그곳의 낯선 풍경과 새로운 정서를 만끽하는 것이 여행의 순기능이라고 생각해.

삶이 하나의 긴 여행이라면, 다른 이들의 여행 일지를 살펴보는 것이 '나만의 레시피'를 갖는 첫 번째 스텝임을 잊지 마. 나와 같거나 비슷한 목표를 가진 이들이 어떻게 살아왔고 어떤 길을 걸어갔는지, 그리고 어떻게 목표 지점에 도달할 수 있었는지 등 그들의 발자취를 따라가다 보면 자신만의 레시피가 하나씩 보이게 될 거야. 그들의 '빛나는 결과'를 따라 하는 게 아니라 과정을 따라 하는 거야. 그 과정에서 너도 몰랐던 너만의 재료들이 툭툭 튀어나오게 될 테니까.

중요한 것은 '선택'과 '집중'이야. 결과가 도출되었다고 해서 그대로 끝낼 것이 아니라 가져갈 것과 두고 갈 것을 정리하는 시간이 필요해. 우리가 처음 미역국을 끓인다고 할 때, 나만의 미역국을 만들고 싶다고 해서 혼자서 막무가내로 만들 수는 없잖아? 처음에는 다른 사람이 올려둔 '미역국 만드는 법'을 찾아보며 그대로 따라 해봐야 해. 소고기 미역국, 홍합 미역국, 북어 미역국, 들깨 미역국 등 형태에 따라 레시피도 각양각색일 거야. 하나둘 만들다 보면 어떤 미역국이 가장 맛있었는지, 어떤 방식이 내게 가장 잘 맞았는지, 나아가서는 어떤 재료를 추가해볼 수 있을지 등을 고민할 수 있게 돼. 자신감과 용기도 그때 자연스럽게 생기게 될 거야.

"고기보다는 해산물이 들어간 미역국이 더 시원하고 좋았어."

"북어나 홍합은 너무 흔하니 다른 해산물을 넣어볼까?"

물론 내가 만든 미역국이 처음에는 맛없을 수도 있어. 익숙하지 않으니 어쩌면 당연한 일이기도 해. 누구에게나 '처음'이라는 게 있으니, 제대로 시작하기도 전에 지레 겁먹을 필요는 없어. 나도 그렇게 나의 꿈을 찾았으니까.

슬럼프라는 속임수

레시피를 연구하다 보면 결과물에 대한 만족감이 떨어지는 순간이 올 거야. 다른 사람들의 결과물에 비해 자신의 결과물이 보잘것없어 보일 때가 온다는 거지. 실제로 평소보다 완성도가 떨어진 탓일 수도 있고, 나 또한 그러한 기복이 심한 편이었어. 주변 사람들의 반응에 따라 결과물의 성패를 결정짓기도 했지. 그럴 때마다 '다른 사람들의 평가에 휘둘리지 말자'라고 다짐했지만, 이내 또다시 휘둘리는 나를 보곤 했어.

"언제나 똑같은 에너지와 노력을 쏟는데, 결과물은 왜 매번 달라지는 걸까?"

나는 어떤 사람이 되고 싶었을까?

객관적인 분석이 필요했어. 같은 노력으로 다른 결과물을 만들어낸다는 건 이치에 맞지 않는 일이라고 생각했거든. 그 일을 할 때 내가 즐겼다면 결과가 좋고, 즐기지 못했다면 결과가 좋지 못하다는 걸 아는 데까지는 그리 오랜 시간이 걸리지 않았어. 맹목적인 노력은 나에게 줄곧 긴장감을 주었고, 실제로 결과가 나쁘지 않았음에도 왠지 모를 스트레스가 밀려 왔어. 그리고 이러한 나의 스트레스는 주변 사람들에게도 고스란히 전달되었지. 과장된 행동으로 억지웃음을 만드는 사람과 같이 있으면 불편한 것처럼 말이야.

무슨 일을 하든 포기하고 싶은 순간이 한 번은 올 텐데, 즐길 수 있는 일이라면 견딜 수 있어. 독일의 심리학자 롤프 메르클레Rolf Merkle가 남긴 명언처럼 천재는 노력하는 자를 이길 수 없고, 노력하는 자는 즐기는 자를 이길 수 없으니까. 아무리 좋아하는 일이라도 권태로운 순간이 오기 마련이며, 그것을 극복하는 방법은 오직 '즐기는 것'뿐이야. 무엇보다 그때 느끼는 권태는 일시적인 착각인 경우가 많아. 그 착각 때문에 진정으로 사랑하는 일을 포기해서는 안 되겠지?

자신이 싫어하는 일을 즐기면서 하는 건 지극히 어려워. 즐기는 척을 할 수 있을지는 몰라도 진심으로 즐길 수는 없다는 뜻이지. 바꿔 말하면, 자신만의 색깔을 찾는 데 방해가 될 수도 있다는 거야. 즐길 수 있는 일을 하면, 힘든 순간이 찾아와도 비교적 무사히 이겨낼 수 있고 그 과정을 통해 자신만의 색깔을 조금씩 찾아 나갈 수 있어. 나도 아직 내 색깔을 다 찾지는 못했어. 여전히 남들과 비교하고, 스트레스와 고민도 여전히 많지. 너는 모르겠지만, '나는 언제쯤 저 사람들처럼 될까?' 하면서 혼자 자책하기도 해. 그러나 한 가지 확신할 수 있는 건, 나는 지금 내가 사랑하는 일을 하고 있어. 힘이 좀 들지라도, 온전히 즐기면서 할 수 있는 일들을 해 나가고 있다는 거야.

결국, 레시피에는 정답이 없어. 유명인이라고 해서, 혹은 성공한 사업가라고 해서 그들의 레시피가 완벽하리라는 법은 없으니까. 배울 건 배우면서, 또 버릴 건 버리면서 너만의 색깔을 조금씩 만들어가길 바라. 작고 사소한 색깔들이 하나씩 모이다 보면 머지않아 인생이라는 유리병이 찬란하게 빛나게 될 테니까.

너는 너일 때 가장 아름다워

그림을 잘 그리는 화가

서양 미술사를 공부할 때 필수로 알아야 하는 시대별 화가들이 몇몇 등장해. 르네상스의 레오나르도 다빈치, 바로크의 카라바조, 인상주의의 클로드 모네, 후기 인상주의 빈센트 반 고흐, 20세기 현대미술의 파블로 피카소 등 각 시대와 사조를 대표하는 인물들은 항상 미술사의 새로운 흐름과 전통을 만들어냈지. 더불어 이들은 누군가의 멘토 또는 뮤즈로서 수많은 오마주를 만들어냈어. 이들은 예술가를 넘어 혁명가라고도 평가받으며 많은 이들의 존경을 받았지. 기존의 전통과 방식을 깨부수며 새로운 대안을 제시하는 게 쉬운 일은 아니잖아? 사람들은 그들을 통해 기쁨과 환희, 충격과 공포(좋은 의미의)를 느낄 수 있었어.

　미술 선생님도, 예술사 교수님도 똑같은 말을 해주셨지. 이
들이 위인이 된 이유는 오랜 시간이 지나도 그들을 대체할 사람
이 여전히 없기 때문이라고. 르네상스 시대를 대표하는 레오나
르도 다빈치, 미켈란젤로, 라파엘로는 신 중심적이었던 시대상
에서 벗어나 인간이 구현할 수 있는 가장 균형미 있고 완벽한 예
술을 현실 세계에 탄생시켰지. 기술적 완성도와 감각의 깊이가
남달라 세 사람 모두 나라의 부름을 받기도 했어. 갑자기 미술사
이야기를 왜 꺼냈는지 궁금하지?

　언젠가 내가 나 자신에게 질문을 던졌던 것처럼, 너에게도
같은 질문을 던져보기 위해서야. 만약 네가 많은 이들의 선망을
받는 이 세 명과 같은 시대를 사는 예술가였다면 어떤 그림을 그
렸을 것 같아? 과연 시대의 흐름과 유행을 깨고 새로운 화풍에
도전할 수 있었을까? 아니, 과연 새로운 시도를 해야겠다는 생
각조차 했을까? 만약 르네상스 천재 3인방이 현시대에 살았다
면 나를 포함한 많은 이들이 '미켈란젤로 성공 법칙'이라는 책과
저널을 읽고, 그의 화풍을 그대로 가르치는 학원을 찾기 바빴을
거야. 유튜브에는 '라파엘로가 쓰는 물감 제조 비율', 미켈란젤로
가 사용하는 붓 정보' 등 그들의 스타일과 개성까지 그대로 따라

하는 것이 유행처럼 자리 잡을 테고 말이야.

물론 그들로부터 좋은 영향을 받는다면 또 다른 훌륭한 화가가 나올 테지만, 대부분 자신만의 색깔을 찾는 방법보다는 성공적인 선례를 실수 없이 따르는 방법을 배우고 있으니 끊임없이 모작이 나타날 뿐이야. 더불어 이는 추측이나 과장이 아니라 실제로 르네상스 시대에 벌어진 일이기도 해. 당시 많은 예술가가 레오나르도 다 빈치, 라파엘로, 미켈란젤로의 화풍을 따라 하거나 그들의 그림을 기술적으로 넘어서기 위해 기교만을 강조한 그림들을 마구 그려댔지.

시간이 지날수록 그림들은 점점 더 비슷해졌고, 이에 대중들은 완전히 질려버렸어. 기존의 방식이나 형식을 답습한 양식을 일컫는 '매너리즘'이라는 용어도 이때 등장해. 권태롭게 반복되는 패턴에 빠져 정체되어 있을 때 흔히 '매너리즘이 왔다'라고 하는데, 바로 이 미술사에서 유래된 말이야. 르네상스 시기가 끝나고 바로크 시대가 왔을 때, 비로소 카라바조라는 새로운 예술가가 등장하게 되지. 그의 그림은 인간의 신체와 감정을 적나라하게 표현하는 그림이었고, 밝은 색깔들로 신성하게 그려져 왔던 전통적인 그림들과 달리 극적인 명암을 통해 인간의 어두운 내면을 드러냈어. '강렬하다'라는 말로는 부족할 만큼 압도적이었어.

그의 그림은 놀라움과 비난을 함께 샀는데, 신과 가까운 존재들을 보통의 사람처럼 표현했다는 것이 가장 큰 이유였어. 주름진 얼굴과 피와 때로 범벅된 발, 시체처럼 차갑고 무겁게 표현된 성인들에게서 보통 사람들의 면모를 찾을 수 있었고 이를 불편해하는 사람들이 많았던 거야. 그 이후에 등장한 클로드 모네도 마찬가지였어. 사람들은 그의 그림을 두고 어린아이 수준이라며 조롱했고, 평가조차 할 수 없을 만큼 형편없다고 했지.

누구나 아는 세계적인 화가 빈센트 반 고흐 역시 생전에는 그림으로 거의 인정받지 못했어. 혼란스럽고 이해할 수 없는 그림이라며 매번 손가락질을 받곤 했지. 미술의 개념을 뒤바꾼 파블로 피카소도 초기에는 전통적인 미술 규범에 어긋난다는 등의 이유로 그의 작품을 예술로 취급하지 않는 경향이 있었어. 그러나 분명한 건 그들의 등장 이후 전 세계의 미술계는 들썩였고 기술과 환경이 끊임없이 발전해온 현재까지도 뚜렷한 대체자가 없다는 거야. 그들의 천재성 때문이 아니라 각자가 가진 인생 경험과 개성, 해석들이 작품에 배어 있기 때문이지.

이 세상에 똑같은 나무가 한 그루도 없듯, 사람도 저마다 달

라. 그러나 사람들은 자신만의 개성을 드러내는 걸 꺼리고, 주목받았던 개성을 모방하려고 안간힘을 써. 그렇게 되면 많은 사랑을 받을 수 있을 거라고 착각하면서 말이지. 그러나 우리는 이 사실을 잊어서는 안 돼. 과도한 모방과 기교로 점철된 매너리즘 시대에 머물 필요가 없다는 것을. 우리는 모두 각자의 개성이 있어. 기존의 것을 과감히 버리면 앞선 세대의 천재 화가들처럼 한 시대를 풍미하는 예술가로 이름을 남길 수 있다는 거야. 누구도 대체할 수 없는 그런 사람…. 너라고 그런 사람이 안 되리란 법은 없어. 네가 태어난 이상 너만의 개성은 존재하고, 더불어 그 개성은 어떤 누구에게서도 발견되지 않을 테니까.

아름다움의 법칙

우리나라에는 아름다움의 기준, 그러니까 세대별로 '미'의 기준이 있어. 내가 초등학교 시절에는 가수 수지나 아이유가 모든 친구들의 워너비였고, 특히 하얀 피부와 큰 눈을 가진 배우와 아이돌은 늘 선망의 대상이었어. 그래서였을까, 나는 내 까무잡잡한 피부가 콤플렉스였어. 눈이 작고 쌍꺼풀도 없어서 괜히 속상할 때가 많았지. 지금 생각하면 조금 우스운 일이지만 엄마에게 피부가 하얗게 변하는 백옥주사를 맞게 해달라고 아우성을 친 적도 있어. 까만 피부가 오죽 스트레스였으면 그 어린아이가 그랬을까 싶기도 해. 호주로 유학을 떠나기 전까지만 해도 나는 내 외모에 자신이 없었어. 그러다 자신감은 결국 빼어난 외모가 아닌 있는 그대로의 당당함에서 시작된다는 걸 깨닫게 되었지. 같은 반 친구가 내게 했던 말이 아직 생각나.

"넌 타고난 피부색이 너무 예쁘다. 태닝 안 해도 되잖아."

아무 생각 없이 한 말일 수도 있지만, 내게 큰 용기가 되었어. 더 탈까 봐 여름에는 어떻게든 햇빛에 노출되지 않으려 발버둥치던 내가 공원이고 해변이고 아무렇지 않게 쏘다닐 수 있게 된 거야. 더불어 학교생활을 하며 내가 좋아하는 것들을 찾아 나만의 것들에 집중하게 되니 자연스레 겉모습도 바뀌었던 것 같아. 정확히 말하면 나의 전반적인 분위기가 바뀐 셈이지. 그곳에서는 눈코입의 비율이 어떻고, 피부색이 어떤지 전혀 중요하지 않았어. 안경을 쓰든 안 쓰든, 생머리이든 곱슬머리이든, 키가 크든 작든 신경 쓰지 않고 당당한 친구들이 인기가 많았어. 뭐 하나 같은 것 없이 각자의 방식으로 각자의 아름다움을 정의해 나가고 있었지.

나도 그 친구들처럼 되고 싶었어. 자기만의 독특한 개성으로 매력을 뽐내는 그런 친구들 말이야. 자신만의 개성이 그 어떤 무엇보다 중요하다는 걸 직접 목격한 이후부터 나의 미적 기준은 눈에 띄게 달라졌어. 물론, 호주 등 외국에 나가야지만 개성의 가치를 인정받을 수 있는 건 아니야. 지금의 너는 너를 얼마나 보여줄 수 있어? 네 스스로의 가치를 얼마나 존중하고 인정할 수 있어? 너를 가린 포장지를 한 꺼풀 벗겨낼 용기가 있어?

나는 이 문제가 어쩌면 공부보다 훨씬 중요하다고 생각해. '꾸미는 것'과 '가꾸는 것'에는 차이가 있어. '너'라는 '나무'를 꾸미지 말고, 잘 가꿔나가길 바라. 거기서 맺은 열매들이 세상을 이롭게 할 거야.

독서를 통해 만나는 또 다른 나

우리는 버추얼^{virtual}의 시대에 살고 있어. 우리의 삶에 색다른 필터를 입혀 마치 다른 세계에서 살아가는 듯한 착각을 일으키는 가상현실… 더러는 동경하는 이들의 삶을 핸드폰 화면 속에서 관찰하며 대리만족을 느끼기도 하지. 특히 나와 비슷한 또래인 MZ세대 친구들은 이러한 시뮬레이션 속 삶에 더 익숙할지도 몰라. 나도 영어를 배울 때, 자신감을 키우고 싶을 때, 더 멋진 사람이 되고 싶을 때, 나의 살고 싶은 삶을 이미 살아가고 있는 사람들의 영상을 많이 찾아봤어. 그들의 모습을 보며 '과연 나라면 어떻게 했을까?' 하며 머릿속에서 시뮬레이션을 돌리는데, 그때만 잠깐 즐겁고 끝나고 나면 모든 게 무의미해지더라. 가령 내가 어느 기업의 CEO가 된다거나 유명 배우나 가수, 스포츠 스타가 되어 폼나는 인생을 살아가는 그런 부질없는 상상들 말이지.

한국으로 돌아온 이후 책을 통해 시뮬레이션하는 법을 제대로 익히게 되었어. 나에게 세상이 흔들리는 듯한 충격을 처음 안겨줬던 책은 윤현승 작가의 《하얀 늑대들》이야. 엄마가 내게 추천해주시며, 힘들었던 젊은 시절에 이 책을 통해 많은 힘을 얻었다고 말씀하셨지. 죽기 전에 한 번쯤은 꼭 읽어봐야 할 책이라는 얘기를 덧붙이면서 말이야. 큰 기대 없이 읽었던 소설책이었지만, 이제껏 읽어왔던 전문 서적이나 자기계발서만큼이나 많은 인생 교훈을 그 책을 통해 찾을 수 있었어.

독서의 중요성에 대해 모르는 사람은 아마 없을 텐데, 사실 나는 그런 원론적인 얘기를 하려는 게 아니야. 독서 자체가 갖는 의미보다는 독서를 통해 뻗어 나갈 수 있는 새로운 '지점'에 대해 말해주고 싶어. 특히 책과 디지털 기기가 주는 서로 다른 감각에 대해서 말이야. 사각형 스크린 속에서 초당 재생되는 무수한 프레임과 소음들은 금방 휘발되곤 해. 한 페이지 한 페이지 넘기며 마음으로 읽어 내려가는 글과는 차원이 다르지.

'주인공은 왜 그 상황에서 그렇게밖에 말하지 못했을까?'
'나라면 그 상황에서 무엇을 할 수 있었을까?'

나는 어떤 사람이 되고 싶었을까?

'내가 등장인물 중 한 명이라면, 과연 얼마큼의 비중을 차지할 수 있을까?'

쉽게 말하면 책은 흡인력이 달라. 자신에게 끝없이 질문하게 하고, 그 질문을 통해 그동안 모르고 살던 '또 다른 나'를 만나게 해주니까. 나는 《하얀 늑대들》을 읽으며 주인공의 처지와 상황을 나에게 대입했고, 그것을 오래도록 시뮬레이션하며 삶의 방향성을 더듬어나갈 수 있었어. 시간이 많이 흐른 지금도 이따금 주인공 카셀을 떠올리며 '나는 지금 어느 단계에 와 있나?' 하며 스스로 점검할 정도니까. 특히 소설 속 주인공들이 싸우는 대상은 악인이나 괴물이 아니라 자기 자신인 경우가 많아. 주인공이 자기 자신과 싸울 때, 나도 그 싸움을 함께 해나가고 있다는 생각이 들 때도 있었어. 물론 소설책은 어디까지나 '픽션' 기반이기에 독자에 따라 다소 엉뚱하다고 느낄 수 있지만 말이야.

책이 아닌 다른 매체를 통하면 모든 콘텐츠를 인스턴트 음식처럼 소비할 수밖에 없어. 이런 비유가 어떨지 모르겠지만, 손편지로 이야기를 주고받는 것과 카카오톡으로 이야기를 주고받는 것은 그 뉘앙스부터 많이 다르잖아? 아무래도 정성이 깃들수밖에 없어. 무엇보다 책에서 마주하는 인물들은 그 사람의 좋은 모습과 더불어 좋지 않은 모습도 세세하게 묘사되기에 삶의 지혜 또한 엿볼 수도 있어. '삼국지를 세 번 이상 읽지 않은 자와는 인생을 논하지 마라'라는 우스갯소리도 있을 정도니 독서의 이로움을 짐작할 수 있을 거야. 결국, "콘텐츠를 통해 남는 게 있는가? 혹은 남는 게 아무것도 없는가?" 하는 문제로 우리의 의식을 넓혀 나갈 수 있을 것 같아.

한 인물의 일대기를 담은 위인전이나 에세이도 좋아. '이제석'의 《광고천재 이제석》과 '리즈 머리'의 《길 위에서 하버드까지》, 작가의 경험을 바탕으로 문학적 요소를 가미한 '하야마 아마리'의 《스물아홉 생일, 1년 후 죽기로 결심했다》 등의 책도 추천할 만한 것 같아. 여기서 말하기는 좀 민망하지만, 나의 첫 번째 책인 《아이엠 I AM》도 한 번쯤 읽어보았으면 좋겠어. 삶에 대한 치밀한 솔루션을 제시하는 책보다 때로는 자신과 비슷한 상황에 놓인 사람들의 이야기가 더 밀도 있게 다가오기도 하니까.

에세이도 남들이 선택하지 않은, 희박한 꿈을 향해 정진하고 그 꿈을 실제로 이뤄낸 사람들의 이야기일수록 좋아. 그때 '어쩌면 나도 할 수 있지 않을까?' 하는 희망과 목표가 생기게 돼. 에세이 속 주인공이 지금의 나처럼 보잘것없을 때 어떻게 버티고 노력했는지, 꿈을 어떻게 실현해 나갔는지 살펴보면 분명 많은 도움이 될 거야. 책은 우물 안에 갇혀 있던 정신을 넓은 세상으로 끄집어내 줘. 이를테면 간접 경험이라고도 볼 수 있을 거야.《광고천재 이제석》에 대해 잠깐 얘기해볼까? 나는 당시 이 책을 집어 들고 추측을 먼저 했었지.

'꿈을 향해 내달린 한 사람의 성공적인 일대기가 펼쳐지겠구나.'
'좋은 대학, 좋은 기업에 들어가서 승승장구했겠구나.'

그러나 초반부를 읽자마자 내 시야가 얼마나 좁았는지 깨달았어. 저자는 대학교 졸업 후 마땅히 할 일이 없어 동네에서 간판 디자인을 의뢰받으며 지냈어. 국내 대기업 회사에서는 번번이 외면당했고, 가까스로 간판집을 열어 생계를 이어갔지. 하루는 단골 국밥집의 간판 교체 건으로 영업을 하고 있는데 옆자리에 앉은 아저씨가 이렇게 말했어. "그게 무슨 30만 원이야. 10만 원만 주면 내가 훨씬 잘해줄게." 저자는 그때 참고 있던 설움이 폭발했어. '그래, 까짓거 1등 한번 해보자.'

다음 스텝이 뭐였을 것 같아? 전 세계 광고 시장이 주목하는 미국, 그중에서도 선두에 있는 뉴욕으로 저자는 떠났어. 왕복 티켓이 아닌 편도 티켓 하나를 달랑 구매해 정말 '죽기 아니면 까무러치는' 심정으로 비행기에 올라탄 거지. 가난한 한 청년의 뉴욕 생활이 그렇게 시작돼. 나는 생각했지. 나였으면 절대 그런 모험을 하지 못했을 거라고. 꿈을 이루는 데는 정해진 공식이 없어. 고난과 역경, 온갖 비난을 이겨냈다는 공통점이 있지만 그 루트는 저마다 달랐다는 거야. 성공한 사람들의 이러한 이야기는 내 머릿속에 각인이 되고, 중요한 도전이나 결정을 할 때 다양한 형태로 많은 도움이 되었어. 마치 인생의 멘토가 불현듯 튀어나와 나에게 한마디씩 던져주고 가는 기분이 들었다고나 할까?

이렇듯 책은 우리에게 공감과 위로뿐만 아니라 인생에 대한 전반적인 과외를 해주기도 해. 아주 침착하고 자상하며, 강인한 과외 선생님인 거지. 그러니 쉽게 휘발되는 미디어의 영상들이나 오디오보다 내 안에 기록되어 언제든 꺼내 볼 수 있는 책을 통해 인생의 시뮬레이션을 돌려 봐. 그 주인공이 네가 되지 못하리란 법은 어디에도 없잖아?

간절하다면 시작해 봐

시작은 관성, 미루는 것도 관성

돈을 많이 버는 것, 유명해지는 것, 큰 명예를 얻는 것 등 각자가 꿈꾸는 바가 있을 거야. 그리고 그런 것들은 결국 '행복한 삶'으로 수렴되겠지. 모든 꿈과 목표에는 나름의 행복이 깃들어 있어. 돈을 많이 벌면 행복할 것 같아서, 유명해지면 행복할 것 같아서, 명예를 얻으면 행복할 것 같아서… 그러나 사람들은 종종 이 사실을 망각하곤 해. 자신들의 꿈과 목표의 최종 종착지가 '행복' 자체였다는 사실을 말이야.

넓은 집에 사는 것, 투자로 큰돈을 모으는 것, 좋은 대학에 들어가거나 대기업에 취직하는 것 등은 사실 꿈이랑은 거리가

나는 어떤 사람이 되고 싶었을까?

멀어. 어떤 사람은 '지금 하려는 것을 조금만 참고 나중에 꿈을 이루고 나면 그때 해'라고 말하기도 하는데 내 생각은 조금 달라. 물론 해야 할 일들을 내팽개치고 '당장' 원하는 걸 하라는 얘기는 아니지만, 분명한 건 우선순위를 정해 선택과 집중을 잘 해나가야 한다는 거야. 두 마리 토끼를 잡으려다 두 마리 모두 놓치게 될 수도 있기 때문이지.

'이걸 꼭 하고 싶다'라는 생각이 들면 우선 명확한 계획과 실행력을 갖춰야 해. 계획만 하고 실행하지 않는다면 아무 의미가 없을 테고, 반대로 계획 없이 실행만 해도 좋은 결과를 얻기 힘들어. 그리고 이 계획에 반드시 '성공'을 넣을 필요는 없어. 단, 하고자 하는 것을 끝끝내 미룬다든가 이것을 지금 하지 않아도 될 핑곗거리를 찾는다면 그건 네가 정말 하고 싶은 일이 아닐지도 몰라. 늦게나마 시작한다고 해도 실행에 대한 관성을 잃은 이후일지도 모르고.

꿈에 대한 나의 바람 역시 부모님의 조언이 없었다면 그저 '바람'으로 끝났을 수도 있어. '대학을 졸업하고 안정적인 상황에 놓였을 때 해도 늦지 않을 거야'라는 핑계를 대며 차일피일 미뤘을 테고, 시간이 더 지나면 '언제 그런 꿈을 가졌었나?' 하며 기억조차 하지 못할 수도 있지. 행복해지기 위해서는 기본적인 의식주, 공부 환경, 여가 생활 등에 부족함이 없어야 하고 그러기 위해서는 충분한 돈이 필요하겠지만 돈이 꿈으로 변질되는 일은 없어야 해. 꿈은 명사가 아닌 동사여야 하니까. 주변에서 꿈을 물어올 때, 나는 항상 건축가가 되고 싶다고 말했어.

'건축사 시험을 보고 자격증을 얻게 되면 건축가가 되는 걸까?'
'건축가라고 쓰인 명함을 만들면 그땐 진짜 건축가로 인정받는 걸까?'

열일곱 살 때, 그러니까 자퇴를 하기 직전에 들었던 생각이야. 목수 일을 배우기 시작하며 현장에서 집을 짓고, 평소에 해 보고 싶었던 사소한 것들에 도전하면서 꿈에 대해 본격적으로 탐구해 나가게 되었지. 그렇게 찾은 나의 꿈은 다름 아닌 '사람'이었는데, 사람들과 함께 있을 때 가장 행복했거든. 그렇게 꿈에 다가가기 위해 세운 나의 첫 목표는 건축에 대한 전문적인 지식과 경험의 습득이었어. 건축가가 되기 위해선 학교에서 이론과 실기에 대한 전문성을 갖춰야 하고, 회사에 취업해 실무경력을 쌓아야 해. 이후에는 건축사 시험을 쳐서 나만의 회사를 설립할 수 있는 자격을 취득해야 하고… 가까운 미래에 건축 크루를 만들어 전 세계를 돌아다니는 것이 목표야.

나는 어떤 사람이 되고 싶었을까?

엄밀히 말하면 건축가가 된다는 것은 나의 꿈이 아니라 꿈이라는 목적지에 다가가기 위해 거치는 수단일 뿐이야. 직업을 가지는 자체가 꿈이 되는 건 아니라는 거지. 다르게 말하면, 꿈을 이루며 사는 삶에는 오직 '한 가지 방법'만 존재하는 게 아니야. 사람들과 함께 웃으면서 살고 싶은 나의 꿈은 오늘 당장이라도 이룰 수도 있어. 가족들과 아침을 먹으며 작은 대화를 꺼내보는 것, 친구들과 학교 가는 길에 이야기를 주고받는 것, 새로운 동아리에 들어가 관심사에 대한 경험을 나누는 것, 친구들을 초대해 맛있는 요리를 해주는 것 등 꿈을 이루며 살기 위한 다양한 시도를 해보는 거지.

결국은 행복해지는 게 꿈이라면 그 꿈이 5년 후, 10년 후에 이루어지길 기다릴 필요가 있을까? 내가 만약 맹목적으로 건축가를 꿈꿨다면, 그리고 그것을 나의 최종 꿈으로 정의했다면 건축사 자격증을 취득한 순간을 '꿈을 모두 이룬 순간'으로 착각할 테니 말이야. 자격증을 손에 쥐면 물론 기쁘겠지만 그게 꿈을 이룬 건 아니잖아? 그 자격증에 '행복을 보장해주는 서류'가 딸려 나오지는 않으니까. 꿈을 이루었다는 것은 시작의 의미보다는 종료의 의미에 더 가까울 테고, 이는 나 혹은 너를 매너리즘에 빠뜨릴지도 몰라.

미루는 습관에도 관성은 생겨. 한 번 미루기 시작하면 한도 끝도 없이 막막해지는 숙제처럼 말이야. 더러워진 방도 마음먹고 청소를 시작하면 언제 더러웠냐는 듯 금방 깨끗해지지. 우리의 꿈은 10년 후에만 이룰 수 있는 게 아니야. 일상의 작은 것에서부터 '지금 당장' 시작해볼 수도 있고, 그 작은 변화가 꿈의 실현을 조금씩 도울 수도 있어. 그러니 우리, 각자의 행복을 너무 미루지 말자. 작은 도전들을 망설임 없이 해나가는 습관을 들이면 '시도'에 대한 훌륭한 관성이 생길 테니까.

취미로 먼저 시작하기

일찍이 학교를 자퇴하고 사회로 뛰어든 나에게 10대 친구들은 특히 궁금한 게 많을 거야. "저도 아진 님처럼 자퇴하고 남들보다 먼저 사회 경험을 하고 싶은데, 어떻게 생각하세요?" 하며 직접 물어오는 친구들도 있어. 사실 이런 질문을 받을 때마다 나는 조금 곤혹스러워. 내가 자퇴했다고 해서 학교가 인생에 도움이 되지 않는다거나, 혹은 대학교에 바로 진학하지 않았다고 해서 대학교가 허울뿐인 곳이라고는 생각하지 않거든. 자퇴의 유무를 떠나 자신의 위치에서 할 수 있는 것들을 찾고, 그 일에 대한 비중과 성취도를 조금씩 쌓고 완성시키는 게 더 중요해. 물론

이는 지혜와 끈기, 도전 정신이 많이 필요한 일이기도 하지.

　자퇴를 크게 후회해 본 적은 없지만, 이따금 '그때로 다시 돌아간다면 어떤 선택을 하게 될까?' 하며 머리를 굴려보곤 해. 아마 지금의 나라면 가까운 도서관이나 대학교에 가서 건축과 관련된 책을 찾아 닥치는 대로 읽을 테고, 건축학도들을 직접 만나 진지하게 대화도 나눠 볼 것 같아. 돌이켜보면 그리 어려운 것도 아니고, 많은 돈이 드는 것도 아니었는데 왜 가까운 데서 답을 찾으려 하지 않았을까 하는 아쉬움은 분명 있어.

　이처럼 학교를 자퇴하고 자신만의 길을 찾고 싶은 친구들은, 특히 나처럼 현장 일에 뜻이 있는 친구들은 그 어느 때보다도 신중해야 해. '어디에 있는가'보다 '어떻게 하는가'가 더 중요하고, 자퇴한다고 해서 반드시 꿈을 찾을 수 있는 건 아니기 때문이야. 만약 네가 음악을 하고 싶다면 주말 등 여유가 있을 때 앱으로 멜로디를 만들고 가사를 입혀 사람들이 들을 수 있는 음악 플랫폼에 올려볼 수도 있겠지. 나처럼 목수나 건축에 관심이 있다면 집 근처 공방의 원데이 클래스에 참여해 도마, 의자 등 간단한 물건들을 직접 만들어 볼 수도 있겠지. 건축박람회나 전시 등에 가보는 것도 많은 도움이 될 거야.

　　　　　　　　　　　　나는 어떤 사람이 되고 싶었을까?

처음부터 전문가들이 사용하는 물품을 구매한다든가 고가의 장비를 갖출 필요는 없어. 취미로 시작해서 자신이 그 일을 왜 좋아하는지, 어떤 부분이 마음이 드는지 찾는 정도여도 이미 큰 것을 얻은 셈이니까. 다시 말해, 시작이 화려할 필요는 없다는 얘기야. 누군가 물어올 때, '내 취미는 이거예요!'라고 말할 수 있는 정도면 본격적으로 몰입해볼 가치가 충분하니까.

JJ GIRL'S DIARY

Chapter 3

조리하기

삶의 조력자

▲▲▲

우리는 무인도에 살지 않아

힘이 들 때, 힘이 되는 사람들

나만의 롤 모델

너, 내 동료가 돼라

관계를 통해 '더 나은 나' 되기

남을 끌어당기는 힘

대화도 건축처럼 단계가 있지

우리는 무인도에 살지 않아

십 대 때, 나는 외로움을 많이 느꼈어. 우울감을 가장 크게 느낀 시기이기도 했지. 조금만 힘든 일이 생겨도 벽을 쌓고 나만의 동굴로 들어갔어. 세상에서 나 혼자만 힘든 일을 겪고 있다고 생각했고, 누군가에게 나의 '힘듦'을 털어놓아도 아무도 이해해 주지 못할 거라 생각했거든. 성인이 되고 나서도 한동안은 그랬어. 말수는 점점 줄어들었고, 친구들과 만나 얘기를 나눌 때도 속마음을 꺼내기보다는 공감대만 적당히 형성하는 식이었어. 어쨌든 관계 자체는 유지해 나가야 했으니 말이야.

세상에 혼자 남겨진 기분 느껴본 적 있어? 나는 그런 현상들이 나에게만 찾아오는 악몽이라 생각했는데, 누구나 느끼며 사는 지극히 '보편적인 감정'이더라고. 늘 웃고 있는 친구도, 자상하기만 한 부모님과 선생님도, 동경해 오던 롤 모델도 한 번씩은 그런 감정에 휩싸인다고 생각하니 '왜 나 혼자서 그렇게 끙끙댔을까?' 하는 생각이 들었지.

"너만 힘들어? 다 힘들어."

처음 이 말을 들었을 때는 무슨 이런 말이 다 있나 싶었는데, 시간이 흐르면서 조금씩 이해할 수 있게 되었어. 세상에 있는 슬픔을 나 혼자 다 짊어진 것 같았는데 남들도 다 그렇게 살고 있다고 생각하니 조금은 위로가 되더라. 전혀 그럴 것 같지 않은 사람들도 자기만의 아픔과 고통을 다 겪고 있으니, 더는 불평해서는 안 되겠다는 생각도 들었어. 지금 네가 겪고 있는 괴로움도 마찬가지야. 형태가 다를 뿐, 괴로움은 누구나 다 가지고 있어. 무엇보다 그 괴로움이라는 것이 꼭 나쁜 것만은 아니니 너무 특별하게, 또 너무 심각하게 받아들이지 않아도 돼.

괴로움을 우리 '공동의 것'이라 여길 때 남의 아픔을 공감해 줄 수 있어. 힘들다고 말하지 않아도 그 사람이 처한 상황을 보면 어떤 마음일지 짐작할 수 있다는 거지. 상황과 형편은 서로 다르겠지만 체감하는 고통의 질감은 대부분 비슷할 테니까. 그럴 때 그 사람에게 해줄 수 있는 한마디, 또는 내가 도와줄 수 있는 작은 일들을 주고받다 보면 '혼자가 아님'을 느낄 수 있어. 혼자만 힘들고, 혼자만 괴롭다고 생각하면 스스로 끊임없이 고립되고 말 거야. 그렇게 되면 옆에서 누군가가 너를 도와주려 손을 뻗어도 뿌리치게 되고, 더 안 좋은 상황에 놓일 게 뻔해.

누군가와 속마음을 터놓고 얘기한다는 게 사실 쉬운 일은 아니야. 힘들 때일수록 주변 사람들과의 소통이 중요하다고 하지만, 나도 그게 마냥 편하지는 않았어. 무엇보다 누군가에게 고민을 털어놓는다고 해서 근본적인 문제가 해결되는 건 아니니까 말이야. 그 때문인지 나는 일기를 더 많이 쓰곤 했어. 깊은 대화까지는 아니더라도 어느 정도의 소통 창구는 여전히 필요했고, 그때 내 마음의 문을 열어준 고마운 친구가 나타났지. 우연히 알게 된 그 친구와 대화하는 중에는 '얘는 나를 어떻게 생각할까?', '혹시 나를 함부로 판단하지는 않을까?' 하는 불안함이나 불편함이 없었어. '이런 사람도 있구나…' 하며 신기해했을 뿐이지.

'나도 저 친구처럼 상대방을 편안하게 만들어주는 사람이 되고 싶어.'

그때 처음으로 이 생각이 들었던 것 같아. 적어도 그 친구는

'내가 겪은 아픔과 상처가 최고야', '다른 사람과는 비교할 수도 없어!'와 같은 마인드의 소유자가 아니었어. 상대방이 겪은 고통의 크기를 가늠할 수 있고, 그 고통에 대해 공감할 줄 아는 사람이었지. 이는 무의미하다고 생각했던 '소통'에 대해 다시 한번 생각하는 계기가 되었어. 위로가 사실 뭐 그리 특별한 게 아니잖아? 그냥 조용히 얘기를 들어주고, 가끔은 고개를 끄덕여주는 것…. 그 이상은 필요하지 않을 것 같아. 우연히 집어 든 책 속 한 문장, 옛날 사진이 가득 담긴 앨범, 한동안 듣지 않던 가수의 노랫말 등 생활 속에서도 위로는 조금씩 존재해. 그리고 이 위로는 공감에 기인하지. 내가 이 책을 쓰는 가장 큰 이유도 너와의 '공감'에 있어. 그러니 힘든 상황이 와도 혼자 고립되어있다고 생각하지 마.

"너희들 집에서 하지 말고, 스튜디오에다가 컴퓨터 올려놔라."

설계 수업 때마다 교수님들이 항상 하시는 말씀인데, 무슨 뜻인지 도통 모르겠지? 건축학과에서는 거의 한 학기 내내 설계만 하기도 하는데 주택이면 주택, 문화공간이면 문화공간, 특정 주제로 학생들이 각자 설계를 하고 교수님에게 평가를 받는 식으로 수업이 진행돼. 높은 점수를 받기 위해서는 최종 발표까지 각자의 설계대로 3D 모델링을 하고, 도면을 그린 후 그 설계 콘

나는 어떤 사람이 되고 싶었을까?

셉트를 설명할 수 있는 다이어그램과 패널 자료 등을 제작해야 하지. 그래서 건축학과 학생들에게는 컴퓨터로 작업할 수 있는 개인 책상과 자리가 할당되는데, 컴퓨터를 교실에 두지 않고 자신의 기숙사나 자취방에 세팅해 혼자 작업하는 학생들이 꽤 많아. 스튜디오에서 여러 학생과 부대끼며 작업하면 집중이 잘 안 된다는 게 그 이유지.

교수님들은 한사코 학생들이 스튜디오에서 작업하길 원하셔. '놀아도 설계실에서 놀고 자도 설계실에서 자라'고 농담처럼 말씀하시기도 하는데, 나는 교수님들이 왜 그렇게까지 설계실을 고집하는지 처음에는 이해가 잘 되지 않았어. 집에서 혼자 작업을 해보기 전까지는 말이야. 한 달 정도 집에서만 작업했던 적이 있는데, 똑같은 과제가 주어졌을 때 친구들과 다른 결과물을 가지고 가는 경우가 많았어. 쉽게 이해되지 않는 부분이 있어도 혼자 고민하다 '이 정도면 되겠지?' 하며 끝내게 되더라고. 무엇보다 설계실을 오가며 마주치는 선배들한테도 물어볼 수 없게 되고, 이따금 설계실에 들르는 교수님들께도 아무것도 여쭤볼 수 없게 된 거지. 혼자 집에서 작업한 후 발표를 하면 교수님들은 또 그걸 귀신같이 잡아내셨어.

나는 어떤 사람이 되고 싶었을까?

"집에서 하니까 혼자서 엉뚱한 거 해오고, 과제에 대한 이해도
도 떨어지잖아."

설계실에서 작업하면 친구들과 수다를 떨면서도, 같이 밥
을 먹으면서도 작업 얘기를 할 수 있었기에 적어도 엉뚱한 땅은
파지 않을 수 있었지. 그리고 가끔 선배들이 놀러와서 이것저것
알려주면 메모해 두었다가 새로운 기능을 써먹어 보기도 하면
서 빠르게 실력을 쌓을 수 있었어. 공모전에 참가하는 것도 이와
비슷한 맥락인 것 같아. 한 가지 주제로 다수의 사람이 저마다의
관점과 해석으로 다양한 결과물을 내놓잖아? 이를 비교하는 과
정에서 내가 생각하지 못했던 부분을 확인하게 되고, '저렇게 생
각할 수도 있구나' 하며 사고력과 응용력을 또한 기를 수 있으니
말이야.

그렇게 나는 '놀아도 설계실에서 놀아라'라는 말의 의미를
자연스럽게 체득할 수 있었어. 한 학기 내내 같은 주제로 설계를
풀어나가는 사람들이 모이면 어떤 식으로든 서로에게 도움이
되고, 또 좋은 에너지를 줄 수 있다는 거지. 특히 건축은 결코 혼
자서 할 수 있는 분야가 아니어서, 나중에 지겹도록 하게 될 다
양한 형태의 협업을 팀플을 통해 미리 체험해보는 것이 좋아.

건축도 어쩌면 우리의 인생과 같아. 구상하고, 설계하고, 하나씩 쌓아올려야 하니 말이야. 그렇다면, 인생도 혼자서는 만들어 갈 수 없어. 누군가를 통해 배워야 하고, 누군가로부터 도움을 받아야 하며, 때로는 그 역할을 자신이 짊어져야 할 수도 있겠지. 별안간 무인도에 떨어진다고 해도, 여럿이 함께한다면 생존율이 훨씬 높아질 거야.

힘이 들 때, 힘이 되는 사람들

누군가의 손을 잡는다는 건
내가 먼저 나의 손을 잡았다는 뜻

내 옆을 지켜주는 친구, 가족, 동료들이 무심코 던진 말 한마디와 사소한 행동이 오래 곱씹고 싶을 만큼 감사하게 느껴질 때가 있지. 나아가 그 기억은 스스로 더 좋은 사람이 되고 싶은 마음이 들게끔 해. 늘 가까이 있던 사람들인데, 내가 나만의 울타리에 갇혀 그들을 둘러보지 못하기도 했어. 특히 힘들고 어려운 일이 닥쳤을 때 주변에서는 내게 분명 손 내밀어 주었지만, 스스로 무능력함을 지나치게 자책하다가 그 손을 놓치고 말았던 적도 많아.

그 손만 잡으면 언제 그랬냐는 듯 다시 털고 일어날 수 있다는 걸 알았지만, 그렇게 다시 웃을 수 있다는 걸 알았지만, 왠지 모르게 그 손을 모른 체하기도 했어. 다시 일어나는 것보다 나만의 구렁텅이에 빠져 사는 게 더 편하고 안락하게 느껴졌거든. 돌이켜보면 참 비겁했어. 그 안락함을 유지하기 위해 '나처럼 한심한 사람은 누군가의 도움을 받을 자격이 없다'라는 마음을 앞세워 스스로 합리화하기 시작한 거야. 당시에는 이게 내가 할 수 있는 최선일 거라 생각했어. 선한 의도로 다가오는 손들을 뿌리치다 보니 문득 이런 마음이 생기더라.

'누군가가 뻗어주는 손을 잡는 건, 어쩌면 내가 먼저 나의 손을 잡아주는 거구나.'

도움받고자 한다는 것은 내가 만든 구렁텅이를 벗어나 새롭게 시작해보겠다는 결심이자 의지야. 내가 나의 손을 잡아주게 되면 주변에서 건네는 작은 말과 행동이 큰 힘이 되고, 때로는 내가 먼저 도움을 청할 용기가 생기기도 해. 그렇게 되면 다음에 또 넘어진다 해도 회복하는 시간이 짧아지지. 재충전하기까지 일주일이 걸리던 게 이삼일이면 언제 그랬냐는 듯 툭툭 털고 일어날 수 있게 되지. 힘든 순간이 오면 누구든 조금씩 무너지기 마련이야. 사실 '절대로 무너지지 않는 방법' 같은 건 애초에 존재하지 않을 수도 있어. 그러나 무너져서 망연자실해 있는 시간을 조절하는 건 어디까지나 자신의 몫이라는 걸 잊지 마.

강철 같은 사람이 되려 하지 마. 처음에는 단단해 보이겠지만 언젠가는 더 큰 힘에 의해 휘어질 거야. 다시 복구한다고 해도 흔적이 남을 테고, 휘어진 부분이 점점 연약해져서 끝끝내 강철의 기능을 상실하고 말겠지. '강인한 사람'보다는 '유연한 사람'이 되길 바라는 것도 그 때문이야. 유연함이 있다면 삶의 많은 시련과 함께 흔들릴 수 있어. 어긋나거나 부러지지 않고, 천천히 흔들리며 춤출 수 있다는 거지.

돌이켜보면 감사한 존재들

우리는 삶의 여러 요소에 의해 소중한 가족, 친구, 동료들의 존재를 외면하곤 해. '나는 왜 주위에 저런 사람들이 없을까?', '나도 저런 사람들을 곁에 두고 싶어' 하며 타인과 자신의 인간관계를 비교하기도 하지. 나는 내가 굳이 말하지 않아도 주변 사람들이 알아서 내 마음을 알고 먼저 다가와 주길 바랐어. 특히 내가 그들에게 보여준 마음만큼 되돌려받길 원했지. 인간관계에 있어 이는 여전히 의문투성이야. '왜 나는 사람들에게 이만큼

나는 어떤 사람이 되고 싶었을까?

밖에 받지 못할까?' 하며 속상해할 때가 많거든.

그러나 따지고 보면 나는 그들에게 보여준 마음보다 훨씬 큰 마음을 항상 받아왔어. 심지어 나를 잘 모르는 사람들마저 진심으로 나를 지지하고 응원해주었지. 당시에는 몰랐지만, 시간이 조금 흐른 뒤 생각해 보니 많은 가르침과 마음을 주셨던 선생님이 계셨고, 힘든 상황에서도 나를 먼저 생각해줬던 동료가 있었고, 나에게 마음을 열고 먼저 다가와 준 소중한 친구가 있었더라고. 그땐 아주 당연하게 여겼던 것들이 사실 너무나도 과분한 것들이었고, 관계에 대한 손익을 따졌던 나를 부끄럽게 만들기도 했지. 주변 사람들이 너에게 아무것도 해주지 않아서, 그들이 불필요하게 느껴진다면 차분하게 시간을 가져봐. 알게 모르게 그들이 얼마나 많은 힘을 너에게 보태고 있는지 안테나를 세워 점검해 보라는 거야.

누군가 네게 보내준 따뜻한 마음에 대한 최고의 보답은 '성장하는 너의 모습'일 거야. 너에게 힘을 주는 것들은 아주 작고 사소해서 잘 보이지 않지만, 반드시 존재한다는 걸 또한 잊지 마. 가족들과의 아침 식사, 친구들과 보내는 시간 등 당연한 것 같은 일상의 작은 이벤트들이 너에게 주는 에너지는 실로 놀라워. 그걸 매 순간 망각한다는 게 문제라면 문제지만 말이야. 관계 속에서 기대를 품게 되면(어떤 형태로든) 실망할 확률이 커. 당연한 얘기지만, 모두 너 같지 않거든. 그게 설령 너와 아주 잘 통하는 사람일지라도 말이야. 기대를 품으면 그에 따른 특정한 형태의 말과 행동이 오가게 돼. 만약 네 뜻에 조금이라도 어긋나는 결과가 나오게 되면 실망할 수밖에 없겠지. 그렇게 되면 불필요한 오해를 낳게 되고, 서로의 진정한 가치를 못 보게 될 가능성이 커.

반대로, 기대하지 않으면 모든 것이 '뜻밖의 선물'이 될 테고, 결과가 어떤 형태로 나에게 다가오든 가감 없이 받아들이게 돼. 그리고 그 자체에 감사하겠지. 아무것도 받지 않을 거라 여겼는데, 어느 날 툭 하고 떨어진 선물처럼 말이야.

나만의 롤 모델

신년, 또는 새 학기가 시작되었을 때 새로운 내가 되어 멋지게 새출발을 해야겠다고 마음먹은 적이 있을 거야. 나도 매년 버킷리스트를 쓰면서 그런 '새로운 나'를 떠올리곤 하는데, 나에게도 그동안 제법 많은 롤 모델이 있었어. 내가 내 개인 채널을 통해 받는 질문 중 가장 많은 비율을 차지하는 건 아무래도 '영어'와 관련된 것들이야.

"영어 공부 어떻게 했어요?"
"유학 가면 영어 실력이 자연스럽게 늘어요?"

나는 인스타그램이나 유튜브로 짧은 영어 콘텐츠인 'Diary Talk: 다이어리 토크'를 촬영해 올리곤 해. 1분 남짓한 시간 동안 한국에서 유행하는 음식이라든가 여러 밈meme, 혹은 일상과 관련된 얘기를 해. 말하자면 짧은 팟캐스트 같은 거지. 사람들이 특히 이 콘텐츠를 좋아해 주는데, 영어가 주체여서 그런지 아무래도 영어나 영어 공부와 관련된 질문을 많이들 남겨주시곤 해. 실제로 호주 유학 시절 외국 친구들 사이에서 정말 많이 들었던 말이 '너 영어 잘한다'였어. 영어권에서 공부하는 사람이 듣는 말이라고 생각하면 '뭐 그리 대수냐' 하고 받아칠 수 있겠지만, 호주에 온 지 2년이 채 되지 않은 시점이라면 얘기가 조금 달라질 수도 있을 거야. 사실 나는 그 말이 썩 달갑지는 않았어. 남들보다 영어를 좀 잘한다고 해도, 내가 생각하는 나의 롤 모델과는 여전히 거리가 멀었거든.

맞아, 단시간에 영어를 자연스럽게 구사할 수 있었던 나만의 비법은 바로 롤 모델을 설정하는 거였어. 호주에 처음 갔을 때는 입도 뻥끗 못 할 정도로 영어 수준이 형편없었지. 나름대로 영어 사전을 끼고 공부도 하고, 한국에서 가져온 문법책도 열심히 읽었는데 영어 실력은 계속 제자리걸음이더라고. 영어를 못하니 인종차별은 더 심했고 친구들과도 쉽게 섞이지 못했는데, 문득 이래선 안 되겠다는 생각이 들었어. 영어를 마스터해서 나 자신을 지켜내고 싶었던 거야. 영어도 하나의 언어일 뿐인데, 이렇게 주눅이 들 필요가 없겠더라고.

　　그때부터 고상한 영어는 접어두고 생존형 영어를 배우기 시작했어. 단순히 영어를 능숙하게 구사하는 걸 넘어 자신감이 폭발하는 '힙한 영어'를 하겠다고 다짐한 거야. 그 누구도 함부로 대할 수 없는 사람처럼 보이게 말이야. 놀랍게도 당시 나의 롤 모델은 에미넴Eminem과 리한나Rihanna였어. 문법은 좀 틀리더라도 그들이 말하는 악센트, 발음, 표현, 심지어 표정까지 보고 따라 하기 시작했지. 책보다는 음악으로 공부하는 시간이 더 많았던 이유야. 그들의 뮤직비디오, 공연, 인터뷰 등을 전부 찾아보며 이말을 할 땐 어떤 표정을 짓고, 또 저 말을 할 땐 어떤 톤과 분위기를 내는지 관찰했어. 중요한 건, 관찰하는 것에 그치지 않고 실제로 이걸 주변 사람들과 대화할 때 써먹었다는 거야.

'그들이었다면 이런 상황에서 가만히 있지 않고 당당하게 의사 표현을 했겠지?'

때로는 나 자신이 에미넴이나 리한나라고 생각하면서 대화하기도 했지. 자신감이 붙기 시작하니 영어 실력도 금방 늘었어. 향상된 영어 실력만큼 행동 하나하나에도 알 수 없는 힘이 생기기 시작했고, 상황에 맞게 응용하면서 나만의 영어 스타일을 조금씩 찾아가게 되었어. 새로운 언어를 구사할 때, 그 사람의 성격도 바뀐다는 거 알고 있어? 언어공부를 빗대서 얘기했지만, 내가 전하려고 하는 핵심은 꿈꾸는 대로 자신의 모습을 바꿀 수 있다는 거야.

지금 바로 하나씩 써나가 봐. 네가 되고 싶은 사람의 외모, 성격, 태도, 습관까지 말이야. 네가 꿈꾸는 그 사람이 아침에 일어나면 가장 먼저 무엇을 하는지, 주변 사람들과는 어떤 관계를 형성하고 있는지, 학교나 직장 등에서 어떤 자세로 임하는지, 장단점이 무엇이고 셀프컨트롤은 또 어떻게 해나가고 있는지 등 여러 갈래로 써나가다 보면 고민의 요소들이 무궁무진할 거야. 그 사람의 일거수일투족을 무작정 따라 하라는 얘기는 아니야. 사실상 그러기도 힘들고 말이야. 다만, '그 사람이 나였으면 이 상황에서 어떻게 했을까?'를 생각해 보자는 거지.

업무를 할 때도 레퍼런스가 제대로 준비되어 있지 않으면 헤매기 일쑤야. 우왕좌왕하며 시간을 낭비하게 되지. 롤 모델을 너무 무거운 의미로 생각하지 않아도 돼. '숙련된 조교'의 시범을 보고, 그것의 좋은 점들을 캐치해서 나만의 방법으로 하나씩 구현해 나간다고 생각하면 쉬울 거야. 그 시간 속에서 너만의 요령이나 노하우 같은 것들이 쌓이게 될 테고, 머지않아 롤 모델의 위치에 근접해 있는 자신을 만날 수 있겠지. 이와 비슷한 맥락으로, 나는 줄곧 내가 의지할 수 있는 친구가 나타나길 바랐어. 10대 때 특히나 더 그랬지. 언제나 그런 친구를 원했고 이리저리 찾아다녔는데, 쉽지가 않았어. 그러다 이런 생각을 하게 되었지.

'내가 그런 사람이 되면 되잖아?'

나와 같은 생각을 하는 사람에게 '의지할 수 있는 사람'으로 나타나는 것도 아주 값진 일이라고 생각했고, 또 내가 그런 사람이 되면 스스로에게도 나의 마음을 누구보다 잘 알아주는 친구가 생기는 거잖아. 나의 가장 친한 친구는 다른 누구도 아닌 '나 자신'이어야 하는 법이니까. 처음엔 이 말의 뜻을 정확히 이해하지 못했는데, 내가 스스로 롤 모델처럼 되려 노력하다 보니 조금씩 이해가 되더라고. 정답은 없지만, 이것이 가장 현실적이고 건강한 방법이 아닐까 싶어.

재차 강조하지만, 롤 모델을 정하고 그의 발자취를 좇는 것에 너무 큰 부담을 느끼지 마. '역할놀이'처럼 그때그때 롤 모델의 모습으로 갈아탄다고 생각하면 돼. 너도 모르는 사이 네가 꿈꾸던 모습이 되어, 너 또한 누군가의 롤 모델이 되어 있을 테니까.

나는 어떤 사람이 되고 싶었을까?

너, 내 동료가 돼라

가족이나 학업보다 친구와의 관계를 더 중요하게 느끼던 때
가 내게도 있었어. 성인이 되기 전까지만 해도 친구가 나의 전부
인 것 같았지. 언제나 같이 있고 싶었고, 뭐든 같이 하고 싶었고,
내 생각과 다르지 않길 바랐고, 또 언제나 내 편이길 바랐어. 그
래서인지 친구의 생각이 내 생각과 다를 때, 친구가 다른 친구와
더 가깝게 지낼 때, 사이가 조금이라도 소원해질 때면 별거 아닌
일로 다투기도 했지. 친구가 곧 나 자신이라 여기던 기간이 꽤
길었던 것도 사실이야. 시간이 지나면서 '다른 길을 가고 있지만,
방향이 같아 잠시 같이 걷게 된 동료'로 새롭게 인식하게 되었지.
말하자면, 친하다고 해서 종착지까지 영원히 같이 갈 수 있는 존
재는 아니라는 걸 알게 된 거야.

그걸 깨닫고 나니 친구의 뜻과 내 뜻이 일치하지 않아도, 친구가 다른 친구들과 더 자주 어울려도, 사이가 조금 틀어져도 크게 마음이 쓰이지 않았어. 존재에 대한 불필요한 욕심이 줄어들었다고도 볼 수 있지. 사람은 태생적으로 자기 자신보다 타인을 더 사랑하거나 아낄 수 없대. 물론, 자신이 사랑하는 사람을 타인으로 인식하지 않고 자기 자신으로 인식하는 경우도 있긴 하지만 말이야. 친구와 좋은 관계를 유지하는 가장 좋은 방법은 그 친구를 나에게 맞추려 하지 않는 거야. 있는 그대로 바라봐야 한다는 거지. 친구는 내가 될 수 없고, 나도 친구가 될 수 없음을 받아들이고 인정해야 해.

　　동료의 참된 의미는 존중에서 비롯된다고 생각해. 존중이 없다면 그 관계는 금세 허물어지고 말겠지. 아무리 튼튼하게 쌓아도, 몇 번의 파도에 흔적도 없이 사라지고 마는 모래성처럼 말이야. 존중이 없는 관계에는 미움이 끼어들기 시작해. 그 미움은 또한 걷잡을 수 없이 커지게 되는데, '사랑받는 기쁨'보다 '사랑하는 기쁨'이 더 큰 사람은 이 관계를 슬기롭게 잘 극복해 나갈 수 있어. 누군가를 미워하게 되면 가장 힘든 사람은 사실 본인이야. 미워하기 위해서는 그에 따른 부정적인 에너지가 필요하고, 그게 결국 자신에게 이롭지 않게 작용할 테니까. 그런 에너지라면 차라리 사랑하는 데 쓰는 게 훨씬 낫지 않을까?

　　　　　　　　　　　　나는 어떤 사람이 되고 싶었을까?

괜찮은 동료가 필요하다고 해서 너무 많은 친구를 사귈 필요는 없어. 오래 곁에 두어도 좋을 근사한 친구 두어 명, 아니 한 명이면 충분해. 물이유취(物以類聚), 유유상종(類類相從) 같은 말을 한 번쯤 들어봤을 거야. 비슷한 사람끼리 서로 사귀거나 모이는 현상을 뜻하는 말인데, 내가 좋은 사람이 되면 주변에는 자연스럽게 좋은 사람들이 모여들게 되어 있어. 늘 감사하고 매사에 긍정적인 사람의 주위에는 그와 비슷한 사람들이 많을 수밖에 없다는 거지. 나는 예전에 작성한 '내가 원하는 친구' 리스트를 보며 그 모습을 닮으려고 애쓰기도 했어.

모두에게 사랑받고 모두에게 존중받는다면 좋겠지만, 반드시 그럴 필요는 없어. 부모님은 '사람의 마음을 얻는 일이 그 어떤 일보다 어렵다'라고 강조하셨지. 한 사람의 진실한 마음을 얻을 수 있는 사람이라면, 이 세상에서 해내지 못할 일이 없다고 생각해. 내가 힘들고 지칠 때, 그럼에도 나를 지탱해주는 건 여전히 '사람들'이야. 나는 이들 모두를 나의 동료라고 생각해. 나를 믿고 응원해주는 사람이 있다는 것, 그리고 내가 응원할 사람이 있다는 것… 이보다 든든한 버팀목이 또 있을까?

관계를 통해 '더 나은 나' 되기

불필요한 것과 필요한 것의 구분

나는 특히 '무언가를 새롭게 시작할 때' 스트레스를 많이 받는 편이야. 먼저 시작에 따른 두려움이 앞서겠고, 결과에 대한 불확실성이 나를 괴롭히는 것 같아. 그러나 이러한 스트레스도 인간관계에서 오는 스트레스에 비하면 아무것도 아니야. 3일 밤을 꼬박 새우면서 작업했을 때보다 사람 때문에 받는 스트레스가 더 컸다면 어느 정도인지 가늠할 수 있겠어?

내 인생의 우선순위에도 없는 작고 사소한 관계 때문에 쩔쩔매기도 했는데, 이 스트레스를 없애려면 때론 비범해져야 해. 초등학생 시절의 고민이 '숙제 다 하기'였던 걸 지금 와서 생각해

보면 참 우습지? '받아쓰기 100점 받기'가 목표였던 걸 생각하면 귀엽기도 하고, 한편으로는 측은하기도 하지. 지나고 보면 아무 것도 아니라는 거야. '시간이 해결해 준다'라는 낡고 뻔한 말이 오래도록 회자되는 데엔 다 이유가 있어. 돌이켜보면 아무것도 아닌 순간이 온다는 거야. 반대로 지금 겪고 있는 상황을 '10년 전에 벌어진 일'이라고 치부해 봐도 좋아. 10년이 지난 시점에서 오늘의 이 일을 떠올린다면 아마 99%는 헛웃음만 나오는 일일 테니까 말이야.

'친구들이 나를 싫어하면 어쩌지?'

과거에는 이런 생각 때문에 잠을 못 잔 적도 많아. 자신이 처한 상황이 가장 힘든 법이라지만, 그래도 객관적으로 저런 생각이 잠을 방해할 정도는 아니잖아? 그래서도 안 되고 말이야. 그런데 과거의 나는 모든 것을 부풀려 생각했어. 작고 사소하고 부질없는 것에도 현미경을 들이밀고 필요 이상의 해석을 내놓곤 했지. 그 해석은 늘 부정적인 쪽에 가까웠고, 그것이 주는 스트레스는 실로 어마어마했어. 그러나 이제는 알지. 길을 개척하기도 바쁜 삶에서 남의 눈치를 볼 시간이 어딨겠냐는 거야. 혼자가 될까 봐 불안해하는 일도 없지. 어차피 내 주변에 있는 소중한 몇 사람만이 온전한 나의 편이라는 걸 이제는 알고 있거든.

나는 어떤 사람이 되고 싶었을까?

불필요한 관계, 혹은 스쳐 지나가는 관계에 연연할 필요가 없어. 사랑하는 가족, 선생님, 친구들이 있다면 더더욱 말이야. 특히 관계에 있어서는 시간이 답을 주는 경우가 많아. 가까웠던 사이도 시간이 지남에 따라 멀어질 수 있고, 멀게 느껴졌던 사이가 어느새 가까워지기도 하니까. 그보다 중요한 건, 지금까지 형성했던 관계보다 앞으로 새롭게 맺어나갈 관계들이 더 많다는 거야. 그러니 관계로부터 오는 스트레스는 그냥 가볍게 지나가게 내버려 두는 것이 좋아. 단체 여행을 가도 저마다 체험하고 싶은 음식, 공간, 문화 등이 서로 다른 것처럼 방향은 같지만 목적지는 다른 관계들이 대부분이야.

삶이라는 건 결국 단체 여행처럼 보이는 배낭여행일지도 몰라. 처음에는 같은 목적지를 향해 함께 걷다가도 언제, 어느 시점에서는 각자의 또 다른 길이 열리기도 하니까. 그러니 관계에 대해서는 너무 가볍게도, 또 너무 무겁게도 여기지 마.

불필요하다고 느꼈던 모든 관계

여행 중에는 보지 못했던 것들이 여행이 끝나면 비로소 보일 때가 있지. 숙소를 찾아 헤매고, 소매치기당하고, 길을 잘못

들고, 한 푼이라도 아끼려고 빵 하나로 끼니를 때울 때는 서러워서 눈물이 날 지경이지만, 막상 집에 돌아와 짐을 풀면 그 힘든 기억이 나를 또 웃게 만들어. 말하자면, 다시 살아갈 수 있는 동력이 되는 거야. 사람과의 관계도 크게 다르지 않아. 당시에는 이 사람이 나를 괴롭히고 힘들게 해도, 돌아보면 이 사람으로 인해 많이 성장했다는 걸 느끼기도 해.

'반면교사'라는 말 들어봤어? '반대의 면을 가르치는 스승'이라는 뜻인데, 상대방의 잘못이나 나쁜 면을 보고 '나는 그러지 말아야지' 하고 가르침을 얻을 때 쓰는 말이야. 어떤 행동과 말들이 사람을 상처받게 하는지 직접 느끼게 되면, 행동 하나, 말 한마디에 더 신중하게 되지. 누구나 반성을 통해 성장하는 법이니까.

스물세 살 때 혼자 독일과 이탈리아로 배낭여행을 떠났어. 홀로서기를 준비하는 여행이었고, 2학년이 되기 전 본격적으로 견문을 더 넓히고자 호기롭게 떠난 배낭여행이었지. 한 달 남짓되는 제법 긴 일정이었기에 여행 경비도 아껴야 했고, 좋은 호텔에서 좋은 음식을 먹으며 편안하게 즐기려는 취지가 아니었기에 캐리어 대신 배낭을, 구두 대신 군화를 신고 떠났어. 그곳의 사람들, 문화 등을 경험하는 데 초점을 맞추었지.

나는 어떤 사람이 되고 싶었을까?

'힘들 거라 예상은 했지만, 이 정도일 줄이야…'

첫째 날부터 숙소를 잘못 예약해서 짐도 못 풀고 시내를 떠돌았어. 물론 대중교통을 이용하기도 했지만 걷는 시간이 더 많았지. 추운 날씨에 몇 시간을 방랑자처럼 헤매고 다녔으니 행색이 어땠겠어? 끝끝내 예정된 시간에 숙소에 도착하긴 했지만, 씻지 못해서 꼬질꼬질했고 체력도 완전히 바닥이 나버렸어. 그때 나는 스스로를 원망하거나 자책하지 않았어. 오히려 이 먼 이국 땅에 혼자 온 것만으로도 기특했지.

하루는 이탈리아의 한 도시에 머물게 되었는데, 고생한 나에게 포상을 좀 내리고 싶어 얼른 짐을 풀고 눈여겨 두었던 레스토랑으로 달려갔지. 동네에서는 이미 유명한 곳이고, 음식이 맛있기로 소문이 나서 한껏 기대에 부풀었는데 웬걸, 식당에 들어서지도 못한 거야. 비니에, 바람막이에, 군화를 신은 동양인을 이상하게 여긴 종업원에게 문전박대를 당한 거지. 뒤따라 들어오는 말끔한 노부부가 환대를 받으며 들어가는 것을 레스토랑 문 앞에 서서 멍하니 바라보았어. 물론 이탈리아가 TPO(Time Place Occasion, 상황에 맞는 옷차림이나 격식) 문화를 중요시한다는 걸 알았지만, 막상 상황이 이렇게 되니 황당하더라고.

여차저차 사정을 설명하며 결국 테이블에 앉는 데까지는 성공했지만, 주문을 받아주지 않아 10분 동안 또 가만히 앉아 있었어. 음식을 내올 때는 테이블 위에 거의 던지고 가다시피 했고, 거스름돈을 제대로 받지 못했다는 걸 뒤늦게 알게 되었을 때는 모든 상황이 억울하고 슬프게 느껴졌어. 그렇게 숙소 앞 공원에서 한참을 울었지. 그때, 나는 누군가를 함부로 판단하지 않겠노라 다짐했어. 상처를 받을 대로 받은 터라 이탈리아 레스토랑에는 두 번 다시 가기 싫었지만, 또 마땅히 갈 데가 없어 아무 레스토랑이나 들어갔어. 종업원이 밖에서 메뉴를 구경하던 나를 웃으며 반겨주었고, 다른 직원들도 이탈리아어를 하지 못하는 나를 위해 영어로 천천히 설명해주며 친절하게 대해주었지.

음식은 말할 것도 없이 너무 맛있었고, 혼자 감탄하며 먹고 있는데 옆자리에 앉은 이탈리아 아저씨가 혼자 여행 왔냐며 말을 걸어왔어. 내가 한국에서 왔다고 하니 자신도 일 때문에 한국에 방문한 적이 있고, 정말 신기하고 좋은 나라였다며 좋아했지. 나에 대한 이야기도 자연스레 꺼내게 되었고 그 자리에서 가벼운 인생 상담(?)도 해주었는데, 공교롭게도 이곳에서 건설업을 하는 분이었던 거야. "계속 이 일을 하다 보면 언젠가 만날 날이 있겠지" 하시며 명함까지 주셨어. 나중에 가족이랑 또 오게 된다면 부담 갖지 말고 연락하라는 말을 덧붙이면서 말이야.

나는 어떤 사람이 되고 싶었을까?

어제 만난 사람들과 오늘 만난 사람들은 전혀 다른 세상의 사람들 같았어. 그때 한 번 더 다짐했지. 나도 누군가에게 이런 이유 없는 따듯한 친절을 베풀겠다고. 기분 좋게 식사를 마치고 나와 레스토랑에 좋은 평을 남기고 싶어 구글맵에서 검색해보니 그 지역뿐만 아니라 이탈리아 전역에서 이탈리아 전통음식을 잘하기로 소문난 곳이었고, 주말 등 특정 시기에는 예약을 해야만 갈 수 있는 '핫플'이었지 뭐야.

예기치 않게 찾아온 행운이었지만 만약 내가 이전 식당에서의 부당한 경험이 없었더라면 이를 어쩌면 당연하게 여겼을 수도 있고, 이탈리아 아저씨가 내게 보인 친절을 감사히 여기기는커녕 귀찮아했을 수도 있어. 그래서, 불친절했던 어제의 종업원이 어쩌면 나에게 더 귀한 인연이 아니었을까 하는 생각도 하게 되었지. 다가올 행복을 더 기쁘고, 더 감사하게 느낄 수 있게 도와준 사람이니까. 이날 이후로 불필요한 인연은 없다는 걸 새로이 깨닫게 되었어. 생각하기 나름인 것 같아. 좋은 인연으로 기억할지, 좋지 않은 인연으로 기억할지 스스로 결정할 수 있으니 말이야.

이 여행을 통해 나는 '견문의 확장'보다 훨씬 큰 선물을 쥐고 돌아왔어. 내가 성장하면 나를 아프게 했던 것들이 결코 나를 가둘 수 없다는 사실을 절실히 느낀 거야. 너도 친절하고 따듯한 인연만 기대하기보다는 '이번에는 어떤 인연들이 나를 성장시킬까?' 하며 사고의 그릇을 키워나가 봐. 그렇게 할 수만 있다면, 앞으로 맺게 될 안 좋은 인연에도 상심하지 않을 수 있어. 무엇보다 소중한 사람들에게 온전히 집중할 수 있는 색다른 계기가 될 거야.

나는 어떤 사람이 되고 싶었을까?

남을 끌어당기는 힘

압도적 자신감

'나'를 잘 안다는 건 무슨 뜻일까? 앞에서도 잠깐 얘기했듯이 내가 무엇을 잘하고 무엇을 좋아하는지, 또 어떤 때 가장 강해지는지를 아는 것도 중요하지만 그보다 더 중요한 건 내가 무엇을 못하고 무엇을 싫어하는지, 또 어떤 때 가장 나약해지는지 아는 거야. 나아가서 나의 약점들을 보완할 대책을 스스로 세울 줄 안다면 더 좋겠지. 그런 사람들의 '자신감'은 눈에 보이는 어떤 형상으로서 나타날 만큼 강력하기도 해. 어떤 상황 앞에서도 기죽지 않고, 자신만의 방법으로 이겨낼 수 있다는 확신이 있기에 가능한 거야. 흔들림 없는 모습을 보며 그 사람을 동료로, 또 리더로 인정하고 의지하게 돼.

"I don't chase, I attract."

　내가 좋아하는 영어 문장 중 하나인데, '나는 쫓지 않고, 다만 끌어당긴다'라는 일종의 자기 암시 성격의 문장이야. 다른 사람들이 나를 이렇게 생각하든 저렇게 생각하든, 나를 좋아하든 말든, 또 나를 따르든 말든 그건 나의 관심 밖이라는 '쿨'한 태도가 필수로 장착되어야 하는 사고방식이지. 사람들을 끌어당기는 사람을 실제로 관찰해본 적 있어? 가만히 있어도 모두를 끌어당기는, 에너지가 넘치는 사람 말이야. 그 사람들은 대체 어떤 행동을 하고, 어떤 말을 하길래 그 어려운 일을 해내는 걸까?

　내가 찾은 그들의 공통점을 말해주고 싶어. 사람마다 느끼는 매력 포인트가 다르겠지만, 나는 그들에게서 느껴지는 '자신감'이 가장 크게 작용한다고 느꼈어. 여기서 중요한 건 남에게 인정받으려고 애쓰는 보여주기식 자신감이 아니라 내면 깊은 곳에서 오랜 시간 길어 올린 고요한 자신감이었다는 거지. 남들이 뒤에서 아무리 수군거려도 아랑곳하지 않고 자신에게 주어진 일들을 묵묵히 해나가는 사람들 말이야. 삶의 우선순위를 명확히 알고 있기에 작은 일에 일희일비하지 않고, 특히 인간관계에서 빚어진 마찰에 쉽게 구겨지지 않아. 타인에게 의존하거나 불필요한 감정을 소비하려 하지 않고, 자신을 믿으며 나아가는 게 나에게는 큰 매력으로 다가왔어. 또 그런 사람들을 보면 나도 모르게 그들의 근처에 가게 되더라고.

> "자신의 컵을 사랑으로 먼저 채운 후, 넘치는 사랑을 남에게 주어라."

그들은 이미 자신들의 컵이 차고 넘쳐. 그렇기에 사랑이든, 힘이든, 용기든 자연스레 나눌 수 있는 거야. 나의 컵이 빈 상태로 남에게 주게 되면 건강하지 않은 희생이 뒤따를 수밖에 없고, 그렇게 되면 얼마 못 가 실망하고 지칠 게 분명해. 상대에게 바라는 게 많아지면 상대방도 점차 불편함을 느끼게 될 테고 말이야. 누군가가 나를 좋아하지 않는다는 사실을 굳이 그의 입을 통하지 않더라도 직감적으로 느낄 수 있는 것처럼, 나의 마음이나 감정을 아무리 숨기려고 해도 사람들은 다 느끼게 돼. 아무리 예쁘고 화려한 자루를 가지고 있다고 해도 그 안에 뾰족한 무언가가 들어있으면 티가 나게 되잖아. 자신이 머지않아 찔릴 게 뻔한데 어느 누가 그런 자루에 손을 얹겠어?

부족한데 억지로 나누려 하지 말고, 너의 컵을 먼저 충분히 채워. 그러면 너를 필요로 하는 사람들이 하나둘 모이기 시작할 거야. 분명한 건 네가 베풀고 나누었다면, 그 선행은 어떤 식으로든 돌아오게 되어 있다는 거지!

실력이 가진 설득력

자신감은 외모에서 나오기도 하고 사회적 위치나 경험, 노력 등에서도 나올 수 있을 거야. 사람마다 자신감의 원천이 다르겠지만 가장 오랫동안 지속할 수 있는 자신감은 '실력'에서 나온다고 생각해. 외모에 의한 자신감은 시간이 지남에 따라 서서히 식을 테지만(그렇지 않은 사람도 있겠지만) 내면에서 오는 자신감은 시간이 지날수록 더 무르익는 법이니까. 분야를 막론하고 '실력'은 누구도 앗아갈 수 없는 자신만의 고유한 것이기에 더욱 그럴 거야. 실력은 곧 인정을 불러오고, 인정에 의한 영향력은 나날이 커지게 돼.

좋은 실력은 칭송받아 마땅하지만, 단지 그 이유 때문에 자신감이 올라가는 건 아니야. 그 자리에 오르기까지 들였던 수고와 노력, 무수한 시간들이 그들의 자신감을 입증하고 대변하지. 과정을 온전히 알고 있는 사람은 오직 자기 자신뿐이기에, 결과만 놓고 따지는 사람들의 입방아에 놀아나지 않을 수 있어. 그러한 확신 또한 실력이고, 이 실력은 놀라운 설득력을 지니게 돼.

나는 어떤 사람이 되고 싶었을까?

한 시대를 풍미했던 무술가이자 영화감독인 이소룡[Bruce Lee]에 대해 다들 한 번쯤은 들어봤을 거야.

> "나는 천 가지 발차기를 한 사람은 무섭지 않다. 그러나 한 가지 발차기를 천 번 한 사람은 무섭다."

그가 남긴 말은 항상 내 마음을 울리곤 하지. 그렇다면 이제 '진짜 실력'이 무엇인지 궁금하지 않아? 요즘에는 실력을 평가할 때 '다재다능'이라는 말을 빼놓을 수 없을 것 같아. 한 가지를 잘하는 것에서 그치지 않고 다방면으로 곧잘 좋은 결과를 만들어 내지. 어디 하나 모자란 데 없이 전부 평균 이상으로 하는 사람을 뜻하는 '육각형 인간'이라는 말도 그래서 등장하게 되었어. 이전과 달리 정보를 접할 수 있는 수단이 Z세대에서는 더 많아졌고, 또 간접적으로든 직접적으로든 자신이 원하는 일들을 경험해 볼 기회도 분명 많아졌어.

새로운 문화를 접하고 받아들이는 데 어느 정도 훈련되어 있다는 거지. 그런 친구들은 자신만의 독창적인 세계를 만들어 가기 수월하고, 한정되어 있던 실력의 범위 또한 넓어지게 돼. 기름과 전기를 동시에 활용할 수 있는 연비 좋은 하이브리드 자동차처럼 말이야. 안정적인 직업, 자신이 가장 잘하는 분야 하나를 선택하기보다는 업으로 삼을 수 있는 것들을 꾸준히 발굴해 나가는 'N잡러'의 시대가 비로소 온 거야. 반드시 경향에 발맞춰야 하는 건 아니고, 여러 분야를 다양하게 잘해야만 살아남는다는 뜻도 아니야. 다양한 경험에서 추출한 데이터를 가지고 유용하고 참신한 것들을 계속 개발해내야 한다는 거지. 그런 의미에서 작은 틀에서 나와 조금은 자유로워질 필요도 있을 것 같아.

살다 보면 분명히 나보다 실력이 우월한 사람들도 많이 만날 거고, 내가 모르는 세계에서 무섭게 치고 올라오는 사람들도 생길 거야. 챗GPT 등 인공지능의 초고속 성장으로 인해 우리가 알고 있는 '실력'의 의미가 자못 달라질 수도 있지. 이는 한 분야에 대한 전문 지식을 많이 갖춘 수준으로는 경쟁력을 확보하기 어려워질 수도 있다는 얘기야. 건축 업계도 촉각을 곤두세우고 있어. 정밀하게 클라이언트의 니즈를 파악하고 분석해, 사람보다 훨씬 효율적이고 완성도 높은 설계도를 AI가 만들어 낼 날이 머지않았기 때문이지. 그런 AI라면, 누구라도 활용하려 들지 않을까?

'앞으로 나에게 있어 실력은 개성이다!'

나는 이렇게 마음먹기로 했어. 인공지능이 판치는 세상에서 승기를 잡으려면 양산형 AI가 결코 흉내 낼 수 없는 '나'라는 브랜드의 색깔과 개성을 더 뚜렷하게 만들어야 하니까. 기계의 힘으로도 어쩌지 못하는 것들은 여전히 많아. 예컨대 사람의 깊은 내면을 읽어낸다든가 자신만의 경험을 토대로 설계 방식을 다채롭게 풀어갈 수도 없겠지. (나중에는 이 또한 가능해질지도…) 과거에는 '얼마나 똑똑한가'를 실력의 기준으로 삼았다면, 이제는 '얼마나 특별한가'로 그 흐름이 변모하고 있어. 이는 셀프 브랜딩의 가치가 나날이 높아지는 까닭이기도 해.

실력에 대한 '정의'는 내리기 나름이야. 그 누구도 함부로 넘볼 수 없는 '너', '너만의 것', '너만이 다룰 수 있는 무기'에 대해 한 번쯤 고민해보길 바라.

대화도 건축처럼 단계가 있지

대화의 시작은 상대방을 향한 작은 호기심으로부터

나는 누군가와 대화를 주고받는 것에 어려움을 느끼는 편이었어. 언제부터, 왜 그랬는지는 모르겠지만 그 기간이 결코 짧지는 않았어. 상대방과 공감할 수 있는 게 적다고 느꼈고, 나와는 아예 다른 사람이라 여긴 탓인지 무슨 얘기를 어떻게 해야 하는지도 몰랐어. 특히 MZ세대라면 누구나 이런 고민을 해봤을 거야. 돌이켜보면 그들의 이야기가 하나도 궁금하지 않았던 것 같아. 그렇게 단절이 계속되다 보니, 한도 끝도 없이 담을 쌓게 되더라. 피할 수 없는 대화일 경우에는 주로 짧은 대화만 해왔고, 길게 얘기를 나누면 왠지 모를 불편함이 내 몸과 마음을 장악했지.

나는 어떤 사람이 되고 싶었을까?

한국으로 돌아와 열여덟 살이 되던 해에 바로 사회생활을 시작했기 때문에, 또래 친구들보다는 어른들과 함께 보내는 시간이 많았어. 그래서 어른들의 말씀을 일방적으로 경청하기만 했는데, 그들과 대화다운 대화를 나누는 건 쉽지 않았어. 대화를 통한 즐거움을 많이 경험해보지 못했기에 대화가 가진 불편함을 조금은 당연시하기도 했어. 이를 극복한 방법은 다름 아닌 '질문하기'였지. 그렇다고 뭐 거창한 질문을 던진 건 아니야. 어렵게 느껴지던 상대도 나와 같은 평범한 사람이라고 생각하니 궁금한 것도 많아지고, 입도 트이기 시작한 거야.

그때부터는 대인 관계도 좋아졌던 것 같아. 무슨 음식을 즐겨 먹는지, 샤워는 몇 분이나 하는지, 숙제하기 싫을 땐 어떻게 하는지 등 지극히 사소한 물음으로부터 대화가 시작된다는 걸 알게 되었어. 취향이 다르면 다른 대로 알아가는 재미가 있었고, 같으면 또 같은 대로 반갑고 즐거웠지. 단, 상대방을 탐색하거나 의무적으로 질문을 던져서는 안 돼. 취조나 인터뷰를 하듯 대화해서도 안 되고. 물론, 굳이 말하지 않아도 오감을 통해 느낄 수도 있지만 자칫 불필요한 오해를 불러일으킬 수도 있기에 큰 문제가 없다면 대화로 풀어나가는 것이 좋아. 상대방의 눈빛, 제스처, 어휘, 말투에서 새로운 감각들을 익히는 건 덤이야. 호감은 호기심에서 비롯되는데, 대개 이 호기심에서 대화가 시작돼. 내

가 사람들에게 특히 많이 던지는 질문이 있는데 그 또한 마찬가
지지.

"어제는 이런 일이 있었어. 너 같으면 어떻게 했을 것 같아?"
"나는 이렇게 대처했는데, 너라면 어땠을 것 같니?"

이 질문에는 두 가지 이점이 있어. 하나는 상대방의 의견을
통해 삶의 또 다른 지혜를 모색할 수 있다는 점이고, 또 하나는
질문을 통해 새로운 대화 주제들을 찾을 수 있다는 점이야. 무
엇보다 질문을 던진 사람이 나이기에 좋은 대답을 내놓아야 한
다는 부담감을 떨칠 수 있지. 대화가 부담스럽고 불편하다고 해
서 언제까지고 피할 수는 없잖아? 대화도 일종의 훈련이야. 어
차피 대화해야 한다면 그 대화를 편하게 리드할 줄도 알아야 해.
잊지 마. 대화는 아주 작고 사소한 호기심에서 비롯된다는 걸!

대화는 일방통행이 아니야

앞서 이야기했듯 나는 대화할 때 주로 질문을 많이 했는데,
어느 순간부터는 이게 습관처럼 튀어나오곤 했어. 사실, 사람들
이 나의 하찮은 이야기나 사연 따위를 궁금해하지 않을 거라는

생각에 한사코 듣기만 했던 건데 내가 던진 질문 세례에 당황해
하는 친구도 있었지. 자기에게 관심을 가지고, 자기 얘기를 들어
주면 무조건 좋아할 거라는 나의 짧은 생각이 화를 불러온 거
야. 무엇보다 내가 내 이야기를 꺼냈을 때 상대가 무시하면 어쩌
나 하는 괜한 걱정도 한몫했어. 그렇게 되면 나는 상처받을 게
뻔하고, 그걸 빌미로 관계가 나빠질 수도 있겠다고 생각한 거지.
내가 질문만 던지고 정작 내 얘기를 입 밖으로 쉽게 꺼내지 못한
이유를 알겠어? 이를 경청의 미덕이라는 그럴싸한 말로 포장할
수도 있겠지만, 사실은 그 이유가 아니었던 거야.

"뭘 그렇게 심문하듯 물어보는 거야? 내 얘기만 하니까 좀 불
편해."

그 뒤로 혼자 많은 생각을 하기 시작했지. '나는 상대방을 위해 내가 하고 싶은 얘기도 꾹 참고 들어준 건데, 그것에 대한 불편함을 듣게 될 줄은 꿈에도 몰랐네…' 결국 나는 상대방을 배려하기 위해 내 얘기를 참은 게 아니라 단지 내가 상처받기 싫어서 내 마음을 감춘 거였어. 내 얘기를 꺼내면 치부를 들킬까 봐, 내 얘기만 한다고 나를 이기적인 사람으로 몰아세울까 봐, 혹은 상대방이 내 이야기를 귀 기울여 듣지 않을까 봐 겁이 났던 거야. 일종의 방어 기제라고도 볼 수 있겠지. 약점을 들키고 싶은 사람은 아마 없을 테니 말이야.

마음을 연다는 게 말처럼 쉽지 않다는 걸 너무나도 잘 알아. 빈방을 예쁘게 꾸며놓고 아무도 초대하지 않으면 즐거울 수 없다는 것도 잘 알고. 분명한 건, 혼자 머리 싸매고 끙끙 앓는 것보다는 터놓고 얘기하는 편이 훨씬 낫다는 거야. 부정적인 반응은 그 이후에 생각해도 돼. 행여나 상대가 부정적인 반응을 보인다고 해도, 그게 뭐 문제가 돼? 마음의 응어리는 너를 손가락질하는 사람과 다툴 때 생기는 게 아니라, 그 감정들을 쏟아내지 않고 저장해 두었을 때 생기는 거야. 그리고 시간이 흐를수록 그 응어리는 곪게 되겠지.

나는 지금도 연습 중이야. 대화의 여러 기술을 스스로 터득

나는 어떤 사람이 되고 싶었을까?

하면서 말이야. 불필요한 걱정을 하기 전에 네 마음의 문부터 열었으면 좋겠어. 자기 마음은 닫고 있으면서 남의 마음만 들여다보려고 하는 것도 어쩌면 이기심에서 비롯되는 것일 테니까. 생각해 보면 나도 내 얘기만 들어주는 친구보다는 자기 얘기도 꺼내면서 대화할 수 있는 친구가 더 편했어. 그때 비로소 마음을 '공유'할 수 있게 되니까. 들어주는 것만큼 내 이야기를 진솔하게 할 줄 아는 것도 중요하다는 걸 기억해. 소통이 단절된 기계적인 시대에 이런 따듯함마저 못 느낀다면 숨 막혀서 어떻게 살아.

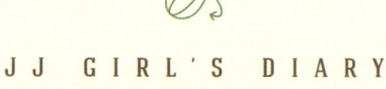

JJ GIRL'S DIARY

Chapter 4

그릇에 옮겨 담기

갓생 레시피

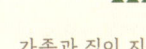

가족과 집이 지긋지긋할 때

만사가 귀찮고 아무것도 하기 싫을 때

친구와 너를 자꾸 비교하게 될 때

하고 싶은 게 있는데 여건이 안 될 때

실패에 트라우마를 느낄 때

무엇에도 재능이 없다고 판단될 때

삶이 무의미하게 여겨질 때

남들이 너를 인정하지 않을 때

가족과 집이 지긋지긋할 때

내가 부러웠던 건 오직 그들의 태도

유학 시절, 친구들 집에서 숙제도 같이 하고 가끔은 밤을 새우며 놀기도 했어. 친구들과 모이면 왠지 영혼이 자유로워지는 느낌이 들어서 시간 가는 줄도 모르고 웃고 떠들었지. 그런데 아직 어린 마음에 내가 가진 환경들이 왠지 부끄럽게 느껴지는 거야. 친구들은 모두 넓은 집에 살았고, 운동이나 음악 등 예체능도 마음껏 배우고 있었어. 무엇보다 너무 화목하고 행복해 보여서 나도 모르게 의기소침해질 때가 많았어.

'생일이라고 부모님이 비싼 선물을 사주셨네.'
'우리 부모님은 나한테 저렇게 안 해주는데…'

'나도 저런 부모님이 있었으면 좋겠다.'

참 철없는 생각이었지. 나를 온전히 이해해 줄 수 있는 건 가족이 아니라 친구들이라고 느꼈으니 말이야. '가족', '집'이라는 울타리가 나에게는 별로 필요하지 않다고 여겼고, 심지어는 족쇄 같은 존재로 여기기도 했어. 친구들의 가정환경이 부러웠고, 가진 것에 감사할 줄 모르고 오히려 그것에서 벗어나고 싶다는 충동도 생겼어. 당시 보호자 역할을 해주시던 이모와의 벽은 점점 더 높아져 갔고, 부모님의 잔소리에 항명하듯 친구들과 더 어울려 다녔어.

'나는 뭐가 그렇게 부러웠던 걸까?'
'그들의 삶이 그렇게 평화로워 보였나?'

비교적 최근에야 알게 되었어. 내가 부러워하던 것이 그들의 배경이 아닌 그들의 태도였다는 것을. 어떤 환경이 와도 굴복하지 않고 최선을 다하며, 주어진 모든 상황을 사랑하는 그런 자세 말이야. 고난 속에서 자기 자신을 믿고 사랑하는 모습은 나같은 사람이 절대 침범할 수 없는 영역의 무언가라고 생각했어. 그 친구들이라고 어려움이 없겠어? 적어도 그들은 힘든 일 앞에서도 자신을 버리거나 놓지 않았고, 나는 그런 단단함이 부러웠던 거야. 항상 나 자신이 부족해 보였고, 스스로에 대한 믿음도 없었기에 작은 일에도 흔들리기 일쑤였지. '나에게 무엇이 주어지는가?' 하는 문제보다는 '주어진 것으로 무엇을 할 수 있는가?' 하는 문제가 더욱 중요하다는 걸 미처 몰랐던 거야.

혹시 네 주변에도 빛나 보이는 사람들이 있어? 소위 '갓생'을 사는 부러움의 대상들 말이야. 만약 그것이 돈으로 해결할 수 있는 문제들이라면 더는 부러워하지 않아도 돼. 삶의 태도만 올곧게 유지한다면 돈은 알아서 따라오게 되어 있으니까. '루시 모드 몽고메리'의 소설 《빨강머리 앤》에는 이런 문장이 나와.

"It's not what the world holds for you. It is what you bring to it."
"세상이 너에게 주는 게 아니야. 네가 가져오는 거야."

주어진 게 적다고, 남들보다 덜 가졌다고 불평하기 전에 네가 스스로 획득할 수 있는 것들을 먼저 생각해봐. 그것들을 나열해 보고, 하나씩 이뤄다가 보면 네가 그렇게 부러워하던 '갓생'의 중심에 네가 있게 될 테니까.

무엇이 특별한지는 내가 정하는 것

만약 자기 인생에서 특별한 게 아무것도 없다고 생각한다면 그게 사실이 되는 거고, 남들과 비교했을 때 초라해 보이더라도 자신에게 힘을 주는 무언가가 있다면 '남들에겐 없는 특별한 걸 가진 사람'이 될 수 있어. 나 또한 가족이 얼마나 소중한지, 내가 가진 것들이 얼마나 귀한지, 주어진 재능과 능력이 얼마큼 소중한지 매 순간 잊고 살아. 유독 나만 볼품없는 기분, 나만 초라한 기분, 너도 느껴봤을 거야. 이건 겸손의 의미라고 해도 좋지 않아. 언제부터인가 이런 생각이 나를 좀먹고 있다는 생각이 들더라고.

"내가 누구 좋자고 이렇게 나 자신을 깎아내리고 있는 거지?"

자주 깜빡하더라도 잊어버리지는 말자. 나한테 소중한 건 남이 정해주는 게 아니라 내가 정해야 한다는 것을. 네 인생이 스스로에게 의미 있고 소중하다면 그걸로 충분해. 남들에겐 없는 너만의 특별함을 가지게 되는 거니까. 그 누가 뭐라고 해도 말이야. 물건도 마찬가지야. 남에게 값비싼 옷이 있다고 해서, 그게 반드시 너에게까지 가치 있는 옷은 아니잖아? 너의 가치는 다른 누구도 아닌 '네 것'일 때 가장 빛나.

나는 어떤 사람이 되고 싶었을까?

만사가 귀찮고 아무것도 하기 싫을 때

귀찮아하는 나의 마음속 진실

정말 침대에서 단 한 발짝도 나가고 싶지 않을 때가 있지? 나도 예외는 아니야. 사람들은 내가 아주 완벽한 인생을 살고 있다고 오해하지만, 별로 그렇지도 않아. 아침에 일찍 일어나서 운동하고, 공부하고, 콘텐츠 만들고… 때로는 집 지으러 다니면서 퇴근 후에 그날 배운 걸 복습한다거나 현장에 늦게까지 남아 부족한 부분을 채울 거라는 뭐, 그런…. 하지만 현실은 조금 달라. 어떨 때는 세수만 겨우 하고 수업을 들으러 가기도 하고, 늦잠을 자고 현장에 늦게 도착하는 일도 다반사야. 퇴근 후 저녁을 먹자마자 숙소에 돌아와 씻지도 않고 뻗어버리는 날도 있어.

나는 어떤 사람이 되고 싶었을까?

많은 친구들이 완벽하게, 그리고 부지런히 살지 않으면 아무 것도 시작하지 못한다고 생각하는데, 사실은 그렇지가 않아. 매일 아침 6시에 일어나기로 한 사람이 몇 분 늦게 일어났다고 해서 모든 계획이 수포로 돌아가는 건 아니잖아? 중요한 건 '꾸준함'이야. 이를 다르게 말하면 '성실성'이라고 볼 수도 있겠다. 물론, 이 진리를 모르는 사람은 없을 거야. TV든, 책이든, 각종 미디어에서 귀가 따가울 만큼 하는 말이기도 하니까. 성공한 사람들의 공통점이 꾸준함이라는 사실을 모르는 사람은 없다는 거지. 그러나 '꾸준한 실천'은 무척이나 힘든 일 가운데 하나야. 오죽하면 한 분야에서 꾸준히 성장할 수 있는 루틴을 담은 콘텐츠가 인기를 끌겠어? 머리로는 알고 있지만 행동으로 옮기는 게 어려웠던 경험이 누구에게나 있을 거야. 그때 우리가 머릿속에 떠올려야 할 질문이 하나 있어.

'나는 지금 무엇을 두려워하고 있는 거지?'

'두려움'을 '귀찮음'으로 덧씌워서는 안 돼. 이는 비겁한 변명일지도 몰라. '가짜 배고픔'처럼 이 귀찮음의 기저에는 두려움이 짙게 깔려 있거든. 나 같은 경우에는 신년에 근사한 계획들을 세워도 성공하지 못할까 봐, 괜히 실수와 실패만 반복하게 될까 봐 두려워서 손을 대지 못했던 경우도 있었어. 때로는 '내가 이런 작은 하루의 목표들을 해나간다고 해서 뭐 달라지는 게 있을까?' 하는 회의감도 들었지. 어떨 땐 내가 꿈꾸는 목표들과 꿈들이 너무 먼 미래의 이야기 같아서 '지금 당장은 하지 않아도 되는 일'로 치부하기도 했어. 귀찮은 게 이유라면 마음속의 대화는 도돌이표가 되고 말 거야.

'A'라는 나: 아, 귀찮아서 하기 싫어.
'B'라는 나: 그러지 말고 다시 해보는 게 어때?

이러한 내적 갈등은 단순하기도 하지만, 정작 중요한 '원인'을 찾는 데 방해 요소로 작용할 수도 있어. 원인을 못 찾으면 당연하게도 이에 대한 해답을 내놓을 수 없게 되지. 다시 말해, 너의 내면에서는 이런 질의응답이 오가야 하는 거야.

'A'라는 나: 아, 귀찮아서 하기 싫어.
'B'라는 나: 뭐가 그렇게 두려운지 솔직하게 말해봐.

이에 관한 진정한 물음은 자신만이 던질 수 있고, 해답 또한 자신만이 내놓을 수 있어. 돈이 드는 것도 아니고 시간이 오래 걸리는 것도 아닌데, 충분히 해볼 만하잖아. 내 인생 첫 슬럼프는 열일곱 살 때 찾아왔어. 공부를 대체 왜 해야 하는지, 목표를 왜 가져야 하는지, 나아가서는 왜 살아야 하는지조차 모르겠더라고. 학교와 집을 오가는 반복되는 일상에서 모든 게 부질없다는 생각이 들었어. 사춘기에 으레 갖게 되는 반항심과는 좀 달랐지. 그때는 내가 이런 생각을 왜 갖고 있는지, 또 왜 갖게 되었는지 스스로 묻지 않았어. 방법을 몰랐던 거야.

이렇게 질문 없이 지나가는 날들이 지속되면 결국 스스로의 감정에 무뎌지게 돼. 역동적인 감정들이 소멸하고 권태로운 감정들만 남게 되지. 그때의 나는 실제로 아무것도 하기 싫었고, 손가락 하나 까딱할 의욕도 없었어. 내 머릿속은 '모든 게 귀찮아'라는 생각으로 도배되어 있었지만 실제로는 '답답해', '가슴 뛰는 일을 하고 싶어', '나다운 걸 찾아야 해' 같은 마음들이 숨어 있었지. 물론 '그것들을 잘 해낼 수 있을까?' 하는 걱정도 있었고 말이야.

때로는 그런 질문을 떠올리는 것조차 귀찮을 수 있어. 그럴 때는 정말 아무것도 하지 말아 봐. 귀찮아하는 너의 마음속에 실제로 어떤 마음이 숨겨져 있는지 남들은 모르잖아. 만약 너의 숨겨진 마음을 너도 잘 모르겠다면 한번 기다려보는 것도 좋아. 아무것도 하지 않고 종일 침대에 누워 있다 보면 '아, 내가 원하는 건 이런 게 아닌데?' 하며 무의식중에 알아차리게 되는 무언가가 있을 거야. 그러니 뇌에서 '귀찮음 신호'를 보내오면 이 방법을 꼭 활용해 보길 바라. 힘들고 짜증 날 때 너의 오아시스가 되어 줄 '진짜 원하는 일'을 찾게 될 테니까!

대충하기, 빨리하기, 수정하기

'어디서부터 해야 할지 모르겠다.'

과제를 하거나 중요한 일을 진행할 때 가장 많이 드는 생각이야. 결과물을 완성하기까지의 과정이 까마득하게 느껴지면, 시작도 하기 전에 의욕이 꺾여 버리곤 하지. 책상 앞에 앉아 그 많은 할 일들을 떠올리면 정말 어디서부터 어떻게 시작해야 할지 엄두가 안 나거든. 그럴 때마다 머릿속에 떠올리는 마법 같은 문장이 하나 있어.

'대충하고, 빨리하고, 다시 돌아와 수정한다.'

어때? 감이 좀 잡히는 것 같아? 나의 고질병 중 하나가 바로 완벽주의였는데, 생각보다 많은 이들이 완벽에 대한 강박이 있더라고. 이들은 완벽하게 끝낼 수 없을 것 같으면 손대지도 않

나는 어떤 사람이 되고 싶었을까?

고, 남들과 비교했을 때 경쟁력이 없다고 판단되면 아예 시작하지도 않거나 중도 포기를 하는 특징을 지니고 있어. 심지어는 무언가를 배우고 있을 때, 자신의 서투른 과정을 남한테 들키는 것을 극도로 꺼리지. 이러한 성향 때문에 일을 잘 시작하지도 못하고, 때로는 마감 기한을 놓치기도 해. 주변에서 게으르다는 소리를 들어본 경험이 있다면 곰곰이 다시 한번 생각해봐. 단순히 하기 싫고 귀찮아서 그런 건지, 아니면 네가 원하는 이상적인 기준에 닿을 자신이 없어서 자포자기한 건지 말이야.

만약 완벽주의 성향 때문이라면, 아쉽지만 처음부터 자신의 이상에 닿을 수는 없다는 사실을 말해줘야 할 것 같아. 나는 누구보다 이상이 높아 쉽게 낙담하고 포기했으며, 자기비판을 일삼는 사람이었기에 무언가를 시작하고 끝마치는 일에 어려움을 많이 느꼈어. 하지만 계속 이런 식으로 한다면 나는 아무것도 할 수 없을 거라는 걸 깨닫고, 전략을 바꾸기 시작했지. 나의 목표를 '매듭짓기'로 정하고, 지금까지도 이 훈련을 해나가고 있어. 여전히 서툴고 갈 길이 멀지만, 효과 자체는 확실하다는 거야. 기억해야 할 건, '빨리 끝내기 위해' 이 방법을 쓴다는 거야.

가령 마감이 다음 주라면, 이번 주까지 모든 작업을 끝낸다고 생각해봐. 말이 안 된다고 느껴지지? 그러나 대충, 빨리한다면 얼마든 가능하지. 우선 네 머릿속에 떠오르는 것을 모두 써 내려가거나 너만의 방식으로 정리하는 거야. 점검이나 수정은 나중으로 미루고 우선 지금은 대강 정리만 해놓으면 돼. 이 단계를 넘기고, 또 다음 단계로 넘어가면 얼추 마무리할 수 있어. 물론 그렇게 하다 보면 빼먹은 부분도, 부족한 부분도, 엉성한 부분도 많겠지만 그 작업은 '수정하기' 단계에서 보완하면 돼. 글을 쓸 때도 '퇴고'라는 단계를 거치는데, 써놓은 글을 시간을 두고 몇 번이고 다듬으면서 완성도를 높여 나가는 작업이야.

그렇게 몇 번 왔다 갔다 하다 보면 한 번에 일을 끝냈을 때는 발견하지 못했던 다른 문제점들도 발견해 나갈 수 있게 되고, 당연히 결과물의 품질도 올라가겠지. 어디서부터, 무엇을, 어떻게 해야 할지 모르겠고 모든 게 다 막연하게 느껴진다면 이 방법을 꼭 써봐. 대충이라도 '시작'해보는 게 얼마나 중요한지 깨닫게 될 거야.

나는 어떤 사람이 되고 싶었을까?

친구와 너를 자꾸 비교하게 될 때

인정하고 싶지 않은 나의 못난 모습

나보다 더 많은 걸 가진 친구, 나보다 행복해 보이는 친구, 나보다 인기 많은 친구, 나보다 예쁜 친구, 나보다 공부 잘하는 친구…. '나보다 더'라는 말이 머릿속에서 맴돌 때가 있어. 원래 나와 가장 가까운 대상과 비교하기 마련이잖아. 나도 십 대 때는 친구들과의 비교를 일삼았어. 어떨 때는 나도 모르는 사이 비교를 하고, 점수까지 매기고 있더라니까. 자연스럽게 하게 되는 '비교'가 나쁘다는 건 아니지만, 비교는 대개 시기와 질투를 동반해. 그리고 그것들이 양쪽 모두에게 좋지 않은 상황을 불러오지. 선망의 요소를 '배워야 할 모습'으로 받아들이는 게 생각처럼 쉽지 않다는 거야.

"쟤는 왜 저렇게 재수가 없어?"

"주변에서 다 도와주니까 그래."

"내가 쟤였다면 훨씬 더 잘할 수 있을 텐데."

"돈만 있으면 쟤처럼 못할 사람이 어디 있어?"

"저건 진짜 실력이 아니야."

상대방의 모습을 인정하거나 받아들이지 않고 어떻게든 비하하고 조롱하는 거지. 이렇게 무의식중에 합리화하다 보면 발전할 수 있는 시기나 기회를 놓치기도 해. 나는 동경과 질투를 오가는 이 복합적인 마음을 제대로 통제하지 못했던 것 같아. 가끔은 이 질투가 자괴감을 불러올 때도 있었는데, 이건 정말 최악의 경우라고 볼 수 있어. 주변 사람들과 나를 자꾸 비교하게 되면 어느 순간부터는 나의 단점만 보이게 돼. 장점이 훨씬 많은데도 불구하고 말이야. 단점을 객관적으로 분석하고 보완하는 자세는 필요하지만, 처음부터 단점만을 부각해 그것을 뜯어고치려 한다면 더 나은 버전의 네가 될 수 없어.

혹시 그런 말 들어봤어? 우리의 뇌가 '부정'을 받아들이지 못한다는 거. 예를 들어 내가 너한테 "사과를 떠올리지 마!"라고 말한다면, 너의 머릿속엔 즉시 사과부터 떠오를 거야. 그러고는 떠올린 그 사과를 머릿속에서 지워 내려 애쓰겠지. 그럼 "사과

말고 배를 떠올려!"라고 한다면 어떨까? 여전히 사과를 한 번 떠올린 후에야 배를 떠올리겠지. 쉽게 말해, 우리가 아무리 '비교하지 말자', '저 친구를 질투하지 말고 나를 더 사랑하자'라고 스스로에게 주문을 걸어도 이런 식이라면 크게 발전이 없을 거라는 얘기지. 그럴 땐, 이렇게 해봐.

"시원하고 맛있는 배를 떠올리자."

어때? 이번에는 사과는 없고 배만 머릿속에 남아 있지? 그렇게 처음에는 내가 정말 봐야 할 나의 모습만을 떠올리고 그걸 들여다보기 위한 주문을 거는 거야. 나의 장점, 최근에 잘한 일 등을 떠올리면 그것에만 초점을 맞출 수 있어. 이렇게 하면 비교를 해도 나의 단점이 부각되지 않고 오직 내가 주체가 되어 부정적인 요소들을 통제할 수 있게 돼. 다시 말해, 나를 깎아내리는 '비교'가 아니라 나를 성장시키는 '분석'을 하게 되는 거야.

"저 친구는 공부를 진짜 잘하는구나. 공부를 저렇게까지 하기 위해서 얼마나 많은 시간을 투자했을까? 하루에 순수하게 공부하는 시간은 어떻게 되고, 공부 루틴은 어떻게 만들어가고 있을지도 궁금하네."

"쟤는 말을 진짜 잘하는구나. 항상 자신감과 자기 확신에 차 있어서 의견을 말하는 것에 망설임이 없어. 나도 자신감을 가져야겠다."

이런 식으로 나를 발전시킬 수 있는 쪽으로 비교를 하게 되기까지는 시간이 좀 걸릴 거야. 하루아침에 훈련이 된다면 이 세상에는 서로 미워하는 사람도, 자괴감에 빠지는 사람도 없겠지. 나도 이렇게 말은 하지만 자신감이 급격하게 떨어질 때면 남들과의 비교를 통해 나 자신을 깎아내리기도 해. 그걸 따라잡을 여력이 없어 마음 편히 포기하고 싶은 순간들도 당연히 있고. 이쯤에서 내가 너에게 하고 싶은 말이 있어. 우리가 '언제나 맑음'일 수는 없다는 거야. 자신에게 거는 주문들이 때로는 잘 작동하지 않아도, 이는 매우 자연스러운 현상이야.

맑을 거라 예상했는데 비가 온다고 해서 실패한 것은 아니고, 실제로 실패했다고 해도 인생은 처음부터 리셋해야 하는 서바이벌 게임이 아니라는 거야. 비가 오고, 눈이 오고, 바람이 불고, 태풍도 몰아쳐도 그것이 실패의 징조가 될 수는 없어. 맑기만 하면 나무가 자랄 수 있을 것 같아? 차가운 비를 견디고 거센 바람을 견디지 않고 과연 나무가 올바르게 자랄 수 있을 것 같아? 그렇지 않다는 건 이미 너도 잘 알잖아. 가끔은 남과 비교하

나는 어떤 사람이 되고 싶었을까?

며 유약해지는 순간이 와도, 그대로 가는 거야. 슬퍼서 울더라도 앞으로 걸어가고, 행복해서 웃더라도 앞으로 걸어가고, 화나서 모두와 멀어지고 싶은 날에도 앞으로 걸어가고, 외로워서 쓸쓸한 날에도 앞으로 걸어가면 돼. 계속 걷다 보면, 미숙했던 너의 모습을 길 위에 조금씩 버리고 왔다는 생각을 하게 될 거야. 그날이 언제가 될지는 아무도 모르지만, 아주 먼 미래는 아닐 거라고.

#'나'라는 발전기를 돌리는 동력

비교가 아닌 분석을 통해 단점을 보완하고 장점을 키울 수 있다고 얘기했지만, 때론 그런 여유나 시간이 없을 때도 있어. 나는 대학생으로서 다른 친구들보다 앞서가기 위해 하루하루를 정신없이 바쁘게 보냈어. 모든 건 상대적이니까. 친구들 사이에서 내가 제일 잘하고 싶다는 마음이 컸었고, 그렇게 잠도 안자고 노력하다 보니 좋은 성적도 받을 수 있었고, 1학년 때는 학년 대표로 발표를 하기도 했지. 그래서인지 나의 '잘하는' 모습들이 당연히 '나의 것'이라고 생각했어.

하지만 시간이 지나고 학년이 올라가면서 나보다 더 열심히 하는 친구들, 태생적으로 감각이 뛰어난 친구들, 열정과 의욕이 넘치는 친구들이 많다는 걸 깨닫게 되었지. 2학년 때는 날고 기는 사람들과 누가 더 열심히 하는지 암묵적인 경쟁도 했어. '시간문제'라는 말은 상당한 위로를 주지만, 사실 나는 그 시간 속에서 끊임없이 노력하는 '스스로'가 더 중요하다고 생각해. 더 많이 부딪히고, 더 많은 노력을 쏟는 데 진정한 의미가 있다는 얘기야. 컴퓨터 프로그램을 잘 다루고, 스케치를 잘하고, 마감을 빨리하고, 도면을 잘 그리는 친구들이 무서웠을까? 아니, 오히려 몇 번이나 틀리고 혼나도 포기하지 않고 '다시, 다시' 하는 친구들이 나는 더 무서웠어.

그래서 잠도 안 자고 설계실에서 계속 작업하는 친구들과 나를 비교하기 시작했지. 누가 더 엉덩이 오래 붙이고 앉아 설계도와 씨름할 수 있느냐의 문제였어. 다른 친구들이 도면을 열 번 그렸다면 나는 열한 번 그리려고 했고, 다른 친구들이 스케치를 다섯 번 했다면 나는 일곱 번 하고 싶었어. 이런 영웅 만화 같은 이야기는 말 그대로 만화에서나 통하는 것이었을까? 나보다 훨씬 더 많이 노력하는 친구들이 실제로 넘쳐났고, 나는 수면 시간을 더 줄이며 그들과 맞섰지. 그러다 문득 이런 생각이 들었어.

'아, 이건 어디까지나 나 자신과의 싸움이구나.'

내가 아무리 열심히 한다 해도 나보다 더 간절하게 몰두하는 사람들이 있고, 나보다 더 좋은 디자인과 좋은 공간을 만들어내는 사람들이 이 세상에 차고 넘친다는 걸 인정하기로 했어. 노력만으로는 안 되는 게 있다는 걸 알았을 때는 주저앉고 싶은 마음뿐이었던 것 같아. 그때 나는 '비교'가 주는 효과를 조금 응용하기 시작했어. 그렇게 '오기'의 힘을 빌려 '어제의 나'와 '오늘의 나'를 비교하기 시작했지. 어제의 내가 도면을 다섯 번 그렸다면 오늘의 나는 열 번 그려야 한다고, 그리고 누가 이기나 한번 해보자고. 나를 자꾸 쉬고 싶게 만드는 나, 나를 자꾸 잠들게 만드는 나, 똑같은 실수를 반복하게 만드는 나, 다 포기하고 현실에 안주해 타성에 젖게 만드는 나와의 싸움이 시작되었지.

'나'라는 발전기를 끊임없이 돌리는 동력이 여기서 발생했어. 어떻게 보면 조금 극단적인 방법일 수도 있어. 그만큼 몸도 힘들고, 항상 긴장한 상태가 유지되다 보니 정신적으로도 많이 피로해지지. 꿈에서도 도면을 그렸을 정도니까. 어떤 목표든 오직 편안하고 즐거운 상태에서만 이룰 수는 없다는 걸 말해주고 싶어. 언젠가 한 번쯤 목표에 대한 간절함이 생긴다면, 어느 정도의 리스크는 감수할 줄도 알아야 해. 늘 안락한 상태로 꿈을 이

나는 어떤 사람이 되고 싶었을까?

룰 수도 있겠지만, 그렇게 이룬 꿈의 '내구성'은 어떤 누구도 보장할 수 없으니까.

중요한 건 네가 비교하고 싸워야 하는 건 친구도, 경쟁자도 아닌 바로 너 자신이라는 것. 어제의 너와 비교하며 싸워야 하는 날이 온다면, 숨겨진 너의 한계를 만나고 싶다면, 그때는 봐주지 말고 끝까지 밀어붙여 봐. 장담하는데, 그걸 극복하는 순간 모두가 너를 좋은 의미로 두려워하게 될 거야.

하고 싶은 게 있는데 여건이 안 될 때

지금 내가 할 수 있는 것에 집중하기

'하고 싶은 일'에는 늘 '지금 당장'이라는 수식어가 따라붙는 것 같아. 한 달 후에 여행이 예정되어 있다면, 그 한 달은 1년처럼 느껴지겠지. 하고 싶은 걸 '당장' 하지 못하는 건 어쩌면 조금 괴로운 일이기도 해. 오늘의 의지와 열정이 언제 식을지 모르니 말이야.

지금 나에게도 그런 게 하나 있는데, 다름 아닌 유학이야. '또?'라고 생각할 수 있지만 사실 꽤 오래된 꿈이지. 스물한 살, 대입을 준비하면서부터 나는 미국 유학을 꿈꿨어. 미국은 세계를 무대로 큰 꿈을 펼치고 싶어 하는 사람들이 모두 모이는 자리

나는 어떤 사람이 되고 싶었을까?

이고, 그만큼 내가 보고 배울 수 있는 것들이 많은 곳이라고 생각했거든. 호주에 있을 때도 은근히 미국 유학을 꿈꾸기도 했어. 그러나 현실적으로 봤을 때, 어떻게 해도 미국에 가는 건 힘든 상황이었지.

먼저, 고등학교 졸업장도 없는 내가 미국 대학에 입학한다는 건 어불성설이었어. 이왕이면 건축으로 유명하다는 컬럼비아대학교나, 매사추세츠 공과대학교, 캘리포니아대학교 등 한국에서 공부 좀 한다는 학생들도 들어가기 힘든 '아이비리그'를 가고 싶다는 터무니없는 꿈까지 꾸기도 했으니 말이지. 미국 대학교에 진학할 수 없는 가장 큰 현실의 벽인 고등학교 졸업장 말고도 금전적인 문제도 있었어. 너도 알다시피 미국의 학비는 정말이지 상상 초월이거든. 어지간한 형편으로는 한 학기 생활비도 감당하기 힘들어. 만약 운이 좋아 내가 미국 대학교에 합격한다 해도, 등록금 문제로 입학을 포기해야 할 정도니까.

한국에서 새로운 전문 분야를 배우는 것처럼 외국에서도 어렵지 않게 배울 수 있을까 하는 두려움도 물론 있었어. 영어를 좀 할 줄 안다지만, 모국어로 이해하고 표현하는 것만큼은 해낼 수 없을 것 같은 생각이 들었지. 그렇게 조금이라도 더 자신 있는 곳에서 경쟁하고 공부해야겠다는 이성적인 판단을 하기 시작했어.

"우선은 한국에서 차근차근 시작해보자."

이 결단을 내리는 데까지는 그리 오랜 시간이 걸리지는 않았지만, 나는 곧 더 큰 문제에 직면하게 되었어. 한국 대학을 가든 미국 대학을 가든, 고등학교 교육 이수증이 필요했지. 검정고시를 보면 해결할 수 있는 문제였지만 호주는 중고등학교가 따로 분리되어 있지 않아서 중학교 졸업을 증빙할 방법이 없었어. 초등학교 졸업 후 바로 'high school'에 가서 8학년부터 12학년까지 졸업 없이 마치는 교육과정이었던 거야. 이런 상황에서 미국 유학을 꿈꾼 내가 바보 같기도 했지만, 그래도 그 꿈을 포기하지는 않았어.

현실과 꿈의 거리는 분명 멀었고, 지금 내가 할 수 있는 것을 하나씩 해나가면서 꿈을 잊지 않으려 부단히 노력했어. 검정고시 공부를 하면서도 '그래도 내가 건축을 하기 위해 무언가라도 노력하고 있구나' 하는 사실에 매일 행복했으니까. 하루하루 꿈을 위해 살아가는 것 같았고, 꿈을 위해 달려가는 과정 자체가 어쩌면 꿈을 이루고 있는 것임을 또한 알게 되었지. 이렇듯 지금 당장 할 수 없어서, 나에게는 기회가 오지 않을 것 같아서, 또는 시간이 너무 오래 걸리는 일이라서 '포기해야 하는 일'은 아니라는 거야.

우여곡절 끝에 검정고시를 치렀고, 마침내 한국에 있는 대학교에 입학하게 되었어. 정신없이 1~2학년을 보내고 3학년을 맞이한 나는 미국 유학이라는 꿈과 가까워지기 위해 여전히 고군분투 중이야. 이제 3년이라는 시간이 주어졌는데, 나는 그 시간도 부족해서 두려울 지경이야. 3년 동안 잘 준비할 수 있을지, 주어진 기간을 훨씬 초과하면 어떡할지, 애초에 유학을 떠날 수 있긴 한 건지 등등 온갖 걱정들이 내 머릿속을 지배하고 있지만 그건 어디까지나 내가 스스로 만들어 낸 생각들일 뿐이잖아? 오늘 내가 해야 할 일들, 미래의 나를 위해 지금 당장 시작해야 하는 것들을 차곡차곡 쌓아나간다면, 이루지 못할 꿈은 없어!

버킷리스트 작성: 목표 잘게 쪼개기

나는 어릴 때부터 버킷리스트 쓰는 걸 좋아했어. 특히 해가 바뀔 땐 다른 무엇보다 버킷리스트 작성에 몰두했어. 우주선 타기, 뉴욕 한 달 살기 등 마음먹으면 100개도 쓸 수 있었지. 이걸 언제 다 이룰 수 있을까 생각하면 정말이지 까마득했고, 또 너무 허황된 꿈은 '작성' 자체에만 의미를 두는 것 같아 불안하기도 했어. 이렇게 죽 써놓기만 하고 죽을 때까지 하나도 이루지 못하면 어쩌나 하는 생각…. 그때부터 새로운 방식으로 써야겠다고 다짐했어. 바로 '1년 버킷리스트'였어. 죽기 전에 이루고 싶은 것들은 너무 막연해서 오히려 쓰기 쉬웠는데, 1년 안에 이루고 싶은 것들을 쓰려고 하니 왠지 신중해지더라고.

매년 50개, 100개씩 쓰다가 1년 버킷리스트는 20개를 간신히 채웠어. 목표하는 바가 있으면 그 목표에 다가서기 위해 하루하루를 계획 속에서 살게 되잖아? 가령, 가고 싶은 공연 티켓을 사기 위해 알바를 해서 조금씩 돈을 저축한다거나, 중간고사에서 좋은 성적을 받기 위해 그날그날의 공부 루틴을 만드는 것처럼 말이야. 꿈에 대한 계획은 또 어떤 의미로는 '기획'이 될 수도 있어. 그리고 그 기획이 꿈에 관한 것이라면 좀 더 구체적이어야 하지. 그래서 나는 장기 목표를 단기 목표로 쪼갰어. 인생 전체의 계획을 1년으로, 1년의 계획을 한 달로, 한 달의 계획을 하루하루의 계획으로 소분했다는 거야.

이해를 돕기 위해 예시를 좀 들어볼게. 어떻게 들릴지 모르겠지만 내 꿈은 '사람'이었어. 나 혼자 독단적으로 살아가지 않고, 내가 가진 것들을 더 많은 사람과 나누며 더불어 살아가고

　　　　　　　　나는 어떤 사람이 되고 싶었을까?

싶었지. 아마 함께 일하는 즐거움을 깨닫게 된 이후부터였을 거야. 이러한 나의 꿈에 더 가까워지기 위한 여러 수단을 찾아보기로 했어. 가장 첫 번째로, 사람들에게 내 이야기를 공유할 수 있는 '유튜브'를 하겠다고 마음먹었어. 사람들과 삶을 나눌 수 있는 소통 창구가 하나 마련되는 셈이지. 두 번째로는 '건축'을 가져왔어. 이왕이면 내가 가장 잘할 수 있으면서 동시에 좋아하는 일을 하면 꿈에 다가서기 좋잖아?

예체능을 좋아했기 때문에 예술을 통해 사람들과 소통하고, 때로는 그 예술로 사람을 치유할 수도 있으니 일석이조였어. 사람이 할 수 있는 예술 중 가장 큰 예술이 건축이라 생각했고, 그렇게 나는 유튜브와 건축을 통해 꿈에 다가서야겠다고 마음먹게 되었어. 만약 네 꿈이 나와 같다 해도 그 꿈에 다가가기 위한 수단은 서로 다를 수 있어. 어쨌든, 유튜버로 활동하기 위해 여러 영상을 제작해보기로 했고, 건축에 대한 경험을 쌓기 위해 현장에 나가 직접 뛰기로 결단한 거야. 도움이 필요한 사람들에게 학교와 집을 지어주기 위해서는 건축가가 되어야 하고, 건축가가 되기 위해서는 건축사 시험을 치러야 하는데 지금 당장 '건축사 시험'을 목표로 잡을 수는 없잖아.

그렇게 열여덟 살에 처음으로 '건축과의 첫인사'를 1년 버킷리스트에 썼어. 1년 버킷리스트를 써 내려가다 보면 한 달의 계획이, 또 하루하루의 계획이 머릿속에 자연스레 그려질 거야. 버킷 리스트가 가져다주는 이점은 상당히 많은데, '내가 지금 원하는 것'을 구체화해 나가는 데 가장 큰 의미가 있다고 생각해. 작성에 이렇다 할 어려움이 있는 게 아니라면, 당장 시작해보는 게 어때?

나는 어떤 사람이 되고 싶었을까?

실패에 트라우마를 느낄 때

혹시 어렸을 때 색칠 공부하던 거 생각나? 기억이 희미할 수도 있겠지만 한번 떠올려봐. 이왕이면 크고 나서 그린 그림도 함께 말이야. 컬러링북이든, 미술 시간에 그린 그림이든, 친구한테 엽서를 쓰기 위해 그린 그림 등 어떤 것도 상관없어. 어렸을 때 그린 그림과 조금 크고 나서 그린 그림에는 분명 수준의 차이가 있겠지만, 가장 두드러지는 차이는 아마 '실패'에 관한 것일 테지. 어렸을 때는 실패의 뜻을 잘 모르는 경우가 대부분이야. 선은 삐뚤빼뚤, 색도 뒤죽박죽이지만 그걸 봐도 망했다는 생각보다는 완성했다는 생각이 앞서지. 그런데 지금은 어때? 선이 조금만 어긋나도, 색이 조금만 번져도 이렇게 말하곤 해.

'이 그림은 망했어. 실패군.'

나는 어떤 사람이 되고 싶었을까?

'아, 이걸 언제 다시 그리지?'

어릴 땐 전혀 부끄럽지 않던 실패가 부끄러워지기 시작해. 시간의 제약을 스스로 만들고 그 안에 좋은 결과물이 탄생하길 바라지. 좋은 결과물이 나오지 않을 때는 견디기 힘들 만큼의 자괴감이 밀려오기도 해. 무엇보다 내가 자괴감에 허우적거릴 때 다른 친구들은 벌써 저만치 앞서가고 있다는 생각이 들면 그땐 정말 모든 걸 포기하고 싶기도 하지. 최악의 경우에는 이때 실패에 관한 트라우마가 생기는데, 그렇게 되면 다음 스텝을 밟기가 힘들어져. 그런데 웃긴 게 뭔지 알아? 완벽하게 마무리된 결과물만이 나의 지난 시간을 증명하고 대변해줄 거라 생각했지만, 오히려 사람들이 원하는 건 나만의 시행착오를 담은 과정이었어.

'깨져봐야 나만의 것이 생긴다'라는 말은 내가 무언가를 새롭게 시작하거나 배울 때 반드시 떠올리는 말이야. 지금은 웃으면서 얘기할 수 있지만, 내게는 정말 악몽 같은 일들이 많았지. 한번은 방학이 얼마 남지 않은 시기에 미술 포트폴리오를 제출해야 할 일이 있었어. 한 학기 동안 그렸던 모든 그림과 진행했던 큰 프로젝트들의 작품설명서와 해설까지 제출해야 했지. 몇 주간 열심히 준비했고 그 파일들을 모두 USB에 담아두었는데, 프

린트하던 중에 바이러스 때문인지 안에 있던 파일들이 싹 다 날아가 버린 거야.

눈앞이 하얘졌어. 그 순간 몸이 굳어서 아무것도 할 수 없겠더라고. 별수 없이 미술실 바닥에 앉아 도화지를 깔고 작품 설명부터 그림까지 대충 그려나갔어. 불행인지 다행인지, 속상한 마음과는 달리 작품을 만들어가는 손이 아주 자연스레 움직이기 시작했어. 얼굴은 울상이었지만, 그동안 꾸준히 그려왔던 그림들을 기억해 그대로 옮겨내는 데까지는 그리 오랜 시간이 걸리지 않았어. 무엇보다 이전에 완성한 작품이 분명 나의 최선이자 더는 나올 수 있는 가장 최상의 버전이라 생각했는데, 새롭게 그린 그림이 오히려 더 개성이 있더라고. 당시 내 손이 기억하는 감각만으로 포트폴리오를 완성한다는 건 현실적으로 불가능에 가까웠어. 두 달 이상 진행해온 프로젝트를 어떻게 단 몇 시간만에 복구할 수 있겠어.

그때 아주 요긴하게 활용했던 건 다름 아닌 그동안 '실패했던' 스케치들이었어. 제출하려고 했던 파일에는 최대한 완벽해 보이던 것들만 넣어두었고, 스케치나 실패했던 그림들은 전부 따로 가지고 있었거든. 하지만 다시 포트폴리오를 만들어야 하는 상황에서는 그것들을 활용하지 않을 수 없었어. 휘뚜루마뚜루 급하게 만들어 낸 포트폴리오가 좋은 결과를 받을 수는 없을 거라 단념하고 있었지만, 나는 최고 점수인 'A+'를 받게 되었지. 때로는 실패 앞에서 나의 진정한 잠재력이 나타난다는 걸 말해주고 싶어. 물론, 그날 이후로 모든 작업물은 반드시 두 번 백업하고, 드라이브에 따로 업로드하는 버릇이 생겼지만 말이야.

어쨌든 그때부터 나는 실패를 단순히 '실패'로 받아들이지 않게 되었어. 오히려 '기회'로 보기 시작한 거지. 이 일이 일어난 데에는 그만한 이유가 있을 거라고, 나한테 알려주고 싶은 무언가가 있기 때문일 거라고 여기면서 말이야. 이제는 작업물이 날아가 버리거나, 좋지 못한 평을 받아 다시 시작해야 하는 일이 생겨도, '어쩌면 저번 작업에서는 내가 놓친 게 있었기 때문에 다시 제대로 해보라고 신호를 주는 것일지도 몰라' 하며 마음을 새로 고쳐먹는 게 습관이 되었어. 만약 그게 정말 '실패'였다고 해도 네가 '기회'라고 생각하면 기회가 되는 거야. 장담하건대, 결과의 성패는 너 스스로 정할 수 있어.

나는 그때의 포트폴리오를 아직 갖고 있어. 하나의 큰 과정이었다고 생각하니 쉽게 버리지 못하겠더라고. 삶의 여러 부분에 있어서도 마찬가지야. 실패했다고 생각하는 순간, 나도 모르는 사이 잠재력이 튀어나오곤 해. 나도 알아. 말은 이렇게 해도 막상 실패를 만나면 이런 것들이 생각나지 않을 만큼 두렵다는 것을. 그 두려움이 '할 수 있는 너'를 '아무것도 못 하는 너'로 만든다는 것도 알아. 내가 단지 너보다 경험이 많다고 해서 '실패 없이 성공하는 법'이나 '실패를 효과적으로 줄이는 법' 따위를 함부로 말할 수는 없어. 그러나 선배로서 자신 있게 말해줄 수 있는 건, 어차피 실패할 거라면 과감하게 해버려야 한다는 거야.

소심하게 하는 실패는 '이럴 줄 알았어. 내가 그렇지 뭐' 하며 마음속에 데미지를 남기지만, 과감한 실패는 오히려 용기가 되어 줄 거야. 다시 시작해볼 수 있는 용기, 다시 시작하면 더 잘해낼 수 있을 거라는 용기 말이야. 더불어 포트폴리오에서 중요한 건 결과물이 아니라 그 결과물을 뒷받침해주는 과정이야. 내가 어떤 주제를 왜 선택했는지, 그걸 실현하기 위해 어떤 노력을 했는지 보여줘야 하는 거지. 실패 없이 무언가를 성취한다는 건 이치에 조금도 맞지 않는 얘기야. 애초에 그걸 왜 실패로 불러야 하는지 나는 모르겠어. 내가 마음에 드는 기준까지, 또는 목표했던 곳에 오르다 발목을 삘 수도 있고, 다리에 힘이 풀려 조금 쉬었다 갈 수도 있고, 길을 잘못 들어 어쩔 수 없이 우회할 수도 있으니까 말이야.

정상에 오른 사람들끼리 모여 대화할 때, 길을 잃었던 경험

나는 어떤 사람이 되고 싶었을까?

이나 남이 가지 않은 길로 갔던 그 경험이 얼마나 값진 것이었는지 깨닫게 될 거야. 천재가 1번 만에 성공한 것을, 혹은 다른 누군가가 5번 만에 성공한 것을 네가 10번, 20번 시도하고 있다고 해서 그걸 '실패'로 단정할 수는 없어. 진짜 실패는 시도조차 하지 않는 거야. 거기서 오는 실패는 100% 후회를 동반하거든. 깨끗한 스케치북보다 뭐라도 그려진, 하다못해 군데군데 찢긴 스케치북이 훨씬 귀하고 가치 있어.

'해야 해'보다는 '할 수 있어'가 네게 더 어울려. 실패가 벽이 되어 너를 가로막고, 혹은 그것이 트라우마로 남아 너를 괴롭힌다고 해도 너의 가능성은 여전히 무궁무진해. 좌절하고 가만히 앉아 있을 수도 있지만, 다시 딛고 일어설 수도 있다는 '선택적 가능성'이 너를 움직이게 할 거야. 성공과 실패는 어디까지나 선택의 문제니까. 포기하기 전까지 실패는 없어. 오직 성공으로 향하는 과정만 있을 뿐이지. 그리고 그 사실은 우리 모두에게 동등하게 적용돼. 잘하고, 완벽하게 하는 것보다는 원하면 언제든 다시 시작할 수 있는 힘이 더 중요해. 그 힘은 나에게, 또 너에게 이미 있다는 걸 기억해줘.

무엇에도 재능이 없다고 판단될 때

나는 늘 어중간한 아이였어. 어디 하나 빼어난 데가 없었지. 여러 가지를 두루 좋아하는 특유의 성격 탓도 있겠지만, 주위에 재능 있는 친구들이 너무 많은 탓이기도 했어. 그래서 '왜 나는 뭘 해도 항상 애매할까?' 하며 아쉬워하곤 했지.

"그림 그리는 거 좋아해요."

"운동 좋아해요."

"만드는 거 좋아해요."

입버릇처럼 좋아하는 것들을 말하고 다녔지만, 이 분야에서 진짜 재능 있는 친구들 앞에서는 그 말을 차마 꺼내지 못하겠더라고. 자신만의 포지션이 확고한 그런 친구들 있잖아. 그때 스스로가 얼마나 한심하고 비참했는지 몰라.

'결국, 나는 무언가를 좋아하는 마음마저 애매하구나' 하는 생각에 주눅이 들었던 때를 떠올려 보니 지금 네가 하는 고민과 특별히 다르지 않다는 걸 알게 되었지. 고등학생 때까지 내가 가장 부러워하던 친구들은 의외로 '운동'을 잘하는 친구들이었어. 호주라는 지역 특색 때문인지 어렸을 때부터 체조, 발레, 럭비, 테니스 등 운동을 하는 친구들이 주변에 정말 많았어. 졸업 후 뭐할 거냐고 물으면 운동선수가 될 거라는 대답이 어찌나 멋있어 보였는지 몰라. 매일같이 야외 운동장에 모여 훈련하는 애들은 눈빛부터 달랐어. 자기가 뭘 잘하고, 무엇에 자신이 있는지 확신하는 그 강렬한 눈빛 말이야.

현장에서 목수 일을 하다 보니, 당시 내가 느꼈던 그 부러움이 어떤 면에서 좀 막연했다는 생각이 들었어. 그들이 어렸을 때부터 여느 또래들이 하던 평범한 것들을 포기하며 자신들의 길을 개척하고, 그 안에서도 자신과의 치열한 싸움을 해왔다는 사실을 깨닫게 된 거지. 사람들은 내가 건축을 너무 사랑한 나머지 자퇴를 결심하고 한국으로 돌아왔다고 생각하는데, 처음에는 '사랑'만으로 건축을 시작한 게 아니야. 그 기저에는 사랑보다는 약간의 호기심과 근거 없는 자신감, 그리고 흥미가 깔려 있었어. 그것이 건축을 시작할 수 있게 만든 셈이지. 처음에는 확신이나 애정이 별로 크지 않았다는 거야.

"건축의 세계는 너무 재미있어!"
"역시 건축을 하길 잘했어."

이런 마음은 건축을 시작하고 여러 경험을 하면서 자연스럽게 생기게 된 거지, 시작도 하기 전에 생긴 게 아니야. 요점은 재능도, 좋아하는 마음도 모두 쌓아가야 한다는 거야. 뻔한 말처럼 느껴지지? 토머스 에디슨이 "천재는 99%의 노력과 1%로 영감으로 만들어진다."라고 해도, 팀 낫케가 "재능이 있어도 노력하지 않는다면 노력이 재능을 뛰어넘는다."라고 해도 전 세계가 주목하는 그 '천재'가 아니라는 사실에 좌절하고 있다면, 내가 한 가지 묘안을 줄게. 이는 어쩌면 그 '천재'를 뛰어넘을 수도 있는 방법일지도 몰라. 바로, 그 분야에 대해서만큼은 천재들보다 더 좋아해 버리는 것!

더 좋아한다고 해서 그들의 실력을 당장 뛰어넘을 수는 없을 거야. 그들이 괜히 천재 소리를 듣는 게 아닐 테니까. 그래도 '하고 싶은 일'을 좋아하는 마음만큼은 지면 안 되지 않겠어? 나는 실제로 자신의 꿈을 진정으로 사랑하는 사람은 이길 수 없다는 압도적인 기분을 많이 느꼈어. '사력을 다해도 내가 얘를 이길 수 없겠구나' 하는 직감이 딱 들었지. 그들의 실력이 너무 뛰어나서였을까? 절대 그렇지 않아. 그들에게서 어떤 형태의 '실패'도 예상할 수 없었기 때문이야. 어떤 순간이 와도 포기하지 않는다는 걸, 스스로도 너무나 잘 알고 있는 친구들이었어. 그런 친구들은 당장 좋은 결과가 안 나오더라도 항상 웃으며 다시 도전했지.

요즘 '맑눈광(맑은 눈의 광인)'이라는 말을 자주 하잖아. 실패해도 '성공하지 못했던 원인 하나를 찾았다!' 말하며 좋아하는 사람들이 세상에서 이기기 가장 힘든 진짜 천재 아니겠어? 그때 아주 뼈저리게 깨달았지. '넘어져도 몇 번이고 다시 일어나는 체력과 정신력도 재능이구나', '포기하지 않겠다는 씩씩한 마음도 재능이구나', '누구보다 열심히 살겠다는 열정도 재능이구나' 하면서 말이지. 피아노 천재 소리를 듣는 이들은 어쩌면 피아노에 재능이 있는 게 아니라 한 가지 일을 손가락에 물집이 잡힐 때까지 하는 근성과 집념에 재능이 있는 것일지도 몰라. 수학 천재 소리를 듣는 사람들은 난관에 부딪혀도 할 수 있다는 자신감이 재능이었을지도 모르고. 운동 천재 소리를 듣는 이들도 마찬가지야. 운동 실력보다는 절대 지지 않는 승부욕과 끈기에 재능이 있는 거지.

우리의 재능은 눈에 잘 띄지 않지만, 반드시 있어. 눈에 보이는 것으로 너의 재능을, 혹은 누군가의 재능을 판단하지 않았으면 좋겠어. 재능은 드러나는 게 아니라 발굴하는 것에 가까워. 울퉁불퉁 못생긴 원석이 세공사의 손을 거치며 조금씩 아름다워지는 것처럼 말이야. 그 원석에 애정을 쏟지 않으면 그냥 땅바닥에 굴러다니거나, 그 가치를 몰라 호두 까는 도구로밖에 쓸 수 없겠지. 원석을 한 번이라도 더 들여다보고, 매일매일 공을 들인다면 분명 훌륭한 보석으로 재탄생할 거야. 너 자신을 스스로 등한시하고, 세공해 나가기도 전에 쓸모없는 돌덩이라고 속단하지 말라는 얘기야.

나는 어떤 사람이 되고 싶었을까?

삶이 무의미하게 여겨질 때

아빠들이 우리의 '슈퍼맨'인 이유

가족을 위해 무엇이든 해낼 수 있는 아빠를 흔히 슈퍼맨에 비유하기도 해. 그렇다면 그 강력한 힘은 어디서 나오는 걸까? 모르긴 몰라도 가족에 대한 애틋한 사랑과 가장이라는 책임감에서 비롯될 거야. 힘들고 지쳐도 가족들을 생각하면 다시 일어날 힘이 생기고, 가족들을 생각하며 삶의 활력을 다시금 찾는 거지.

나는, 내가 이 세상에 필요 없는 사람이라고 생각될 때 가장 큰 좌절감을 느꼈던 것 같아. 내가 사라져도 모든 이들이 행복하게 잘 지낼 것 같을 때, 내가 없어져도 세상이 잘 돌아갈 것처럼 느껴질 때 말이야. 내가 혼자라고 생각될 때, 나의 삶에서 중요해 보이는 게 아무것도 없을 때, 그래서 잃을 것도 없을 때 엄청난 무기력감을 느꼈던 거야. 열심히 살아야겠다는 의욕도 바닥이 났지. 꿈이나 목표에 대해 아무리 생각해봐도, 처음 시작할 때의 마음을 상기하려 해봐도 내 마음은 꿈쩍도 하지 않았어. '내가 뭐 때문에 이렇게 아등바등 살아야 하나?' 하는 의구심이 들며 더 시니컬해질 뿐이었지.

하지만 재미있는 건, 이런 상황에서 내가 아닌 타인을 위한 목표를 생각했을 때 방전된 차에 전기가 공급되듯 다시 의욕과 열정이 솟는 경험을 했어. 타인을 위한 목표라고 해서 영웅처럼 대의(大義)를 위하는 마음을 지녔던 건 아니야. 그저 가족이나 친구, 동료와 이웃 정도로 가깝고 소중한 사람들이 거기에 포함되었지. 나로 인해 그들이 행복해하는 모습을 떠올리면 어쩐지 더 열심히 살고 싶어지더라고. 나아가서는 처음 본 사이라고 해도, 그가 나로 인해 웃을 수 있다면 나는 기꺼이 해내고 싶었어.

전 세계를 돌아다니며 학교와 집이 필요한 곳에 공간을 만들어 사람들에게 선물해 줬을 때를 상상해봤어. 어린아이들이 그곳에서 축구를 하며 나에게 고맙다고 말해주는 모습, 이웃들이 한 집에 모여 함께 음식을 나눠 먹고 따뜻하게 자는 모습, 그

나는 어떤 사람이 되고 싶었을까?

런 모습을 떠올리니 열심히 살지 않을 수가 없겠더라고. 목표를 위해 열심히 살아가다가도 문득 모든 게 부질없게 느껴질 때, 나는 이 방법을 많이 써. 행복하게 해주고 싶은 대상이 있는 것만으로도 왠지 모를 책임감 같은 게 생기거든.

나 혼자 먹을 밥상을 차린다면 되는 대로 해서 먹겠지만, 가족이나 친구를 초대할 때는 어때? 아무래도 조금 더 신경 쓰게되겠지. 사소한 거 하나라도 정성을 더 들이게 되잖아. 내가 만든 음식을 맛있게 먹고 행복해하는 모습을 본다면 그 만족감은 더 커지겠지. 비록 손이 많이 가고 시간이 오래 걸려도, 몇 번이고 더 해주고 싶을 거야. 매일 아침 눈을 뜨고 새로운 하루를 맞이하는 것도, 힘들어도 참고 견디는 것도, 누군가를 위하고 생각하는 그 동력이 없으면 지속하기 어려울 수도 있어. 마블 영화에 나오는 영웅처럼 모든 이들의 행복과 안전을 보장해줄 수는 없겠지만, 단 한 사람의 행복이라도 지켜줄 수 있다면 그거면 충분하다고 생각해. 무의미한 삶에서 유의미한 삶으로 옮겨 가는 과정은 사실 그리 복잡하거나 까다롭지 않아.

나는 어떤 사람이 되고 싶었을까?

번아웃이라는 친구

삶이 무의미하게 느껴지는 데는 많은 이유가 있을 거야. 나름대로 열심히 노력하고 있는데 별다른 성과가 보이지 않을 수도 있고, 목표나 의지 없는 반복적인 일상에 매일 제자리걸음을 하고 있다고 느낄 수도 있겠지. 그럴 때는 특히 더 외롭고 막막해질 수 있어. 나도 크게 다르지 않았어. 사춘기, 번아웃, 슬럼프, 권태기, 매너리즘 등 다양한 용어만큼이나 나를 무기력하게 만드는 상황은 늘 예기치 않게 찾아왔지. 그 형태도 가지각색이었어.

'이제 성숙해지고 성장했으니, 시련 따윈 더 이상 찾아오지 않겠지?'

미성숙하고 유약해져 있을 때만 시련이 찾아올 거라는 생각은 어디까지나 나의 착각이고 오만이었어. 감정을 받아들이지 않고 지우려 할수록 더 깊이 빠져들었지. 아침이 가면 저녁이 찾아오는 것처럼, 이러한 감정의 변화는 자연의 순리 같은 것이었어. 중요한 건, 그게 어떤 감정이든 간에 반드시 지나간다는 거야. 먹구름이 잔뜩 끼었다고 해서 하늘이 무슨 색이었는지 잊게 된다면 앞으로의 하늘은 온통 먹빛이 되고 말겠지? 무의미하게 느껴지는 삶의 순간들을 '내 인생의 모든 나날'로 여길 필요가 없다는 뜻이야.

잠깐 머물다 갈 그 순간에 우리가 할 수 있는 건 '내가 왜 지금 이런 감정을 느끼고 있지?' 하며 마음을 찬찬히 들여다보는 거야. 1년 365일 맑기만을 바라지만 반드시 비가 오는 것처럼, 당연하게 생각하면 오히려 편해. 나도 번아웃이 한 번 오면 '크게' 오는 편이라 정신을 못 차리곤 했어. 엄마에게 이런 걸 아예 겪지 않고 싶다고 말했더니 이렇게 말씀하셨지.

"어떤 감정이든 아예 찾아오질 않길 바라는 건 불가능해. 다만 그 감정을 조절하는 법을 배워가는 것이 중요하지."

내가 뭐 때문에 힘든지, 그 원인을 찾고 이해하게 된다면 번아웃이 오는 주기도 길어지고 찾아온다고 해도 지금처럼 몇 날 며칠을 허우적거리지 않아도 돼. 금방 헤어나올 테니 말이야. 수학 문제를 풀어본 적 있다면 아마 잘 이해할 거야. 유형과 공식을 완벽하게 외운 후 문제를 푼다고 해도 언젠가는 풀지 못하는 문제를 만나게 되고 한계에 봉착하게 돼. 풀이를 이해하고 넘어가야 어떤 문제를 만나든 내가 이해한 것들을 응용하여 막힘없이 풀 수 있으니까. 지극히 이성적인 수학의 세계에서도 이해하

나는 어떤 사람이 되고 싶었을까?

고 넘어가지 않으면 한계를 만나는데, 하물며 그게 사람의 마음이라면 오죽하겠어?

많은 경험을 했지만, 여전히 나에게 큰 숙제로 남는 건 내 마음을 이해하는 일이야. 채 풀지 못한 문제들이 번아웃이라는 이름으로 나를 찾아와 힘들게 하고, 가끔은 너무 피곤해서 외면하면 다음에는 몸집을 더 불린 상태로 찾아오더라고. 누구나 넘어질 수 있어. 하지만 다시 일어나 맞서는 용기는 또 다른 문제야. 이쯤에서 내가 좋아하는 영어 문장을 빌려올게.

"You are not what you feel."

나는 내가 느끼는 감정으로 정의되지 않고, 너 또한 네가 느끼는 감정으로 정의되지 않아. 이 문장을 곱씹으면 지금 네가 겪고 있는 모든 감정과 상황들에 맞설 수 있어. 시련 앞에서 무력함을 느낀다고 해서 실제로 나라는 사람이 약한 게 아니라는 것을, 자기 자신에 대한 실망과 혐오감을 느낀다고 해서 자신이 못난 사람이 아니라는 걸 꼭 기억해.

남들이 너를 인정하지 않을 때

자퇴 후 한국으로 돌아와 건설 현장에서 일을 시작한 건 나에게는 꽤 파격적인 도전이었어. 그도 그럴 것이 한국에서는 유독 '스펙'을 중요시했기 때문이야. 무슨 학교를 나왔는지, 어느 회사에 다니는지, 자격증은 몇 개고, 또 어떤 차를 타고 다니는지… 이런 요소들에 따라 비난과 무시를 받을 수도 있었기에 당시 나의 도전 자체를 걱정하는 사람들이 많았어. 사실 그런 것들은 내 성격상 그러려니 하고 넘길 수 있는 부분이었지만, 나의 도전에 진정성이 없다는 얘기를 들었을 땐 참 속상했어. 학교가 아닌 사회에서 꿈을 찾기로 결심하고 자퇴까지 한 후 한국으로 넘어온 이상 더는 물러설 데가 없었기 때문이야.

어떠한 도전도 하지 않으면 말로만 허풍을 떤 사람이 되기에, 나는 마음먹은 대로 밀어붙였어. 실제로 처음 나간 현장에서 집을 짓는다는 행위 자체에 많은 매력을 느꼈고, 머지않아 내 손으로 집을 지을 수 있을 거라는 희망에 부풀었어. 앞에서도 얘기했지만, 그때도 사람들은 혀를 끌끌 차며 내 꿈을 비난했지. 가장 중요한 시기에 헛물이나 켜고 있다면서 말이야. 심한 경우엔 내가 매체에 나오기 위해 연기를 하고 있다는 식으로까지 내몰기도 했어. 고작 이런 일을 하려고 유학까지 다녀왔냐는 모진 말들은 차라리 괜찮았지만, 나의 진심을 가짜로 만들어 버리는 건 절대 용납할 수 없었어.

"금방 포기할 거죠?"
"이제 슬슬 질리죠?"

이런 말을 들을 때마다 나는 해명 아닌 해명을 해야만 했어. 건축에 대한 나의 진심을 설명서처럼 들고 다니면서 말이야. 영상을 통해서, 또 글을 통해서 사람들에게 똑같은 말들을 반복했지만 달라지는 건 크게 없었어. 말뿐인 포부와 목표는 사람들이 들은 척도 안 할 만큼 효력이 없다는 걸 알게 되었지. 그때, 사람들이 눈으로 볼 수 있는 결과물을 만들겠다고 다짐했어. 현장으로 출근해 목수 일을 계속 배워나갔고, 건축에 대해 더 많은 것들을 보고 느끼며 꿈을 이루는 과정들을 유튜브에 공유하기 시작했지. 성장에 변화가 있을 때마다 빠지지 않고 기록해 나간 셈이야.

이는 미래의 나를 위한, 혹은 나처럼 자기만의 목표를 위해 달려나가는 사람들을 위한 기록이기도 했지만, 한편으로는 내 꿈을 부정하던 많은 이들을 향한 외침이기도 했어. 나의 길을 잘 개척해 나가고 있다는 뚜렷한 증거를 제시하고 싶었던 거야. '어차피 나는 포기할 일이 없을 테니 마지막에 웃는 사람이 누군지 보자!' 하는 치기 어린 마음이 섞여 있기도 했어. 그러다 문득 길을 잃은 듯한 기분이 들기 시작하더라고.

'내가 왜 나를 인정해주지 않는 사람들을 위해 이토록 기를 쓰는 거지?'

그들을 위한 성과물을 만드는 데 급급한 나 자신을 보게 된 거야. 그들의 허락과 인정을 받기 위해 나의 모습을 가꾸고, 그럴 듯한 결과물을 만들기 위해 노력하는 모습이 어쩐지 좀 괴상하게 느껴지더라. 사실 나에게 정말 필요했던 건 그들이 보내는 존중과 인정이 아니라 그저 내 진심을 알아봐주는 것뿐이었어. 내 진솔한 얘기를 진지하게 들어주기를, 조금은 무모한 나의 도전을 조용히 응원해주기를, 내가 길을 잃은 사람이 아니라 길을 만

나는 어떤 사람이 되고 싶었을까?

들어가는 사람임을 알아주길 바랐던 거야.

　가족들에게, 선생님들에게, 친구들에게, 어떨 때는 생판 모르는 남에게도 우리는 '내가 틀리지 않았음'을 증명하고 싶을 때가 있어. 그리고 때로는 그들에게 인정과 칭찬을 받는 것이 하나의 큰 목표가 되기도 하지. '가장 중요한 건 누군가 나의 진심을 알아봐 주는 것'이라고 말은 할 수 있지만 사실 그런 것들이 당장 마음에 와닿지 않는다는 것도 알아. 내가 직접 겪어봤으니까. 네가 나와 같은 감정을 느끼고 있다면 이거 하나만 알아둬. 인정받고 싶은 마음은 부끄러운 게 아니야. 그러니 숨길 필요도 없어. 우리는 누구나 타인에게 인정받고 싶고, 그렇게 자신이 필요한 사람이라는 걸 확인하고 싶어 해.

　이왕 시작했다면, 시작할 거라면, 더 많은 이들이 너의 진가를 알아차릴 때까지 노력해봐. 다만, 목표 지점에는 너를 부정하던 사람들이 아니라 너를 응원해주던 사람들로 붐벼야 해. 네 옆에서 페이스메이커가 되어 준 사람들, 포기하지 않게 손을 잡아준 사람들 말이지. 너를 부정하던 사람들을 골인 지점에 세워두면 너는 그들만 바라보며 맹목적으로 달릴 수밖에 없어. 마치 장난감 말이 조종당하는 것처럼 말이야. 그렇게 되면 자칫 경로를 이탈할 수도 있고, 경로를 이탈하고도 이탈한 줄 모르고 기계적으로 달리기만 할 거야.

네게 손가락질하는 하는 사람들을 좋은 자극제로만 활용하면 그뿐이야. 결국, 목표 지점에서 너와 함께 기쁨을 나눌 사람들은 따로 있다는 걸 잊지 마. 넌 그들을 위해서 달리는 게 아니니까.

JJ GIRL'S DIARY

Chapter 5

<u>식사</u>

▶ 모든 것을 가능케 할 너를 위해

▲▲▲

가치관 바로 세우기

반복, 반복, 그리고 다시 반복

성장 일기 쓰기

성취 경험 늘리기

너와 너의 미러전

가치관 바로 세우기

"어떻게 그런 확신과 믿음을 가지고 목수 일을 시작하게 되었나요?"

그간 여러 매체와 인터뷰를 해오면서 한 번도 빠지지 않았던 질문이야. 유학 생활을 잘 마치고 대학에 들어갔다면 비교적 안정적으로 살아갈 수 있을 텐데 왜, 그리고 어떻게 이런 선택을 하게 되었는지 궁금하기도 할 거야. 질문만 보면 내가 마치 대단한 업적이라도 이룬 것처럼 느껴질 수도 있겠지만, 사실 나는 대답이 늘 망설여져. 조금은 곤란하기도 하고 말이야. 왜냐? 목수 일에 대한 일말의 확신도, 믿음도 없었기 때문이지. 꿈의 생기기 전까지는 '꿈을 가지는 것' 자체가 꿈이었을 정도니까.

내가 대단하거나 특출나서 여기까지 왔다고 생각하는 이들도 있겠지만, 나는 나 자신을 100% 신뢰할 만큼의 능력을 지니지 못했어. 그저, 하겠다고 결심했으니 '그냥 했을 뿐'이야. 대단한 이유나 배경이 있어서도 아니고, 그럴듯한 사연이 있어서도 아니야. '해야 하는 이유'를 만들어내기 시작하면 '하지 말아야 할 이유'도 동시에 생겨나기 마련이거든. 성공의 가능성이 커야 시작할 수 있는 것도 물론 아니야. 하고 싶은 게 뭔지 명확히 깨달았다면, 그래서 하기로 마음먹었다면, 언제든 시작해도 좋다는 거야.

가끔 어른들은 가슴을 따르지 말고 머리를 따르라고 해. 뜨거워진 마음은 시간이 지나면 언제든 다시 꺼지기 마련이라고. 물론 똑똑한 머리 하나만으로는 살아남기 어려운 세상이고, 차별성과 경쟁력을 갖추지 않으면 안 되는 사회 구조이기도 해. 현실적으로 이성을 따라야 하는 이유는 수백 가지가 되겠지만, 이 무수한 이유를 상쇄시키는 무서운 한마디가 가슴에서 나온다는 걸 잊어서는 안 돼.

'내가 원하기 때문에…'

세상을 움직이는 사람들은 모두 이 한마디의 힘을 믿고 선

나는 어떤 사람이 되고 싶었을까?

택한 사람들일 거야. 마음의 소리를 따른다는 게 조금은 뻔하고 허황된 것처럼 보일 수도 있겠지. 나도 그런 말을 들을 때마다 하품이 나오기도 하니까. 그래서 우리에겐 좀 더 폭넓은 사고가 필요해. 집을 지을 때도 멋진 집을 완성하겠다는 열정과 의욕만으로는 완벽한 집을 지을 수가 없어. 근사한 집을 짓기 위해서는 체계적인 시스템이 필요하고, 치밀하게 계산된 설계도면이 필요하지. 열정과 끈기가 결국 그것을 완성으로 이끌 테지만 이것만 가지고는 해내기 어렵다는 뜻이야.

건축으로 계속 예를 들게 되는데 가령 어떤 집을 지어 누구와 살고 싶은지, 이곳에서 어떤 것들을 해나갈지, 내가 구상한 특별한 용도가 있는지 등 내 가슴이 원하는 집을 머릿속에 그릴 때 비로소 좋은 집이 탄생할 수 있어. 어느 한쪽으로 치우쳐서는 안 된다는 걸 너에게 꼭 말해주고 싶어. 남들이 좋다고 하는 넓은 평수의 거실과 발코니가 딸린 베드룸, 최신형 인테리어와 설비가 겸비된 한강뷰 아파트를 머릿속에 그리는 것은 집을 만들기 위한 좋은 시작이 결코 아니야. 명망 있는 건축가들이 건축주를 위한 집을 설계할 때 가장 먼저 묻는 것은 땅의 건폐율이나 용적률, 원하는 인테리어, 설계 비용 따위가 아니야. 그보다 먼저 확인하는 것은 다름 아닌 '이 집에서 살 사람이 어떤 사람인가?' 하는 것이지.

학교에서 교수님들에게 배우는 건축도 큰 차이가 없어. 건물이 지어질 사이트의 건축법규를 조사하고 주변 상권을 분석해 해당 건물에 대한 구조적 전략을 짜기 전 우리는 '주제'를 먼저 탐구하거든. 건물이 들어서는 곳에 주로 어떤 사람들이 지나다니는지 관찰하고, 해당 사이트에 누구를 위한 공간을 지을 것인지, 또는 최근 사회에서 일어나는 이슈나 관심 있는 정보들을 이용해 각자의 공간들에 정체성을 부여하게 돼. 설계의 시작이 이러하다는 걸 알아두면 마음가짐이 조금은 달라질 거야.

'사람들이 아니라고 하는데 이건 우선 보류해야 하나?'
'이런 건 아무나 성공할 수 없는데 나라고 할 수 있을까?'
'리스크가 너무 큰데, 더 안정적인 걸 골라야 하나?'

도전을 앞두면 항상 만감이 교차해. 떨리고, 긴장하고, 의구심이 들지. 결정 자체는 머리로 하게 되지만, 그 일을 끝끝내 완성하고 매듭짓는 건 결국 마음이라는 걸 기억해. 그리고 이런 도전들이 너의 가치관을 올바르게 형성해 나갈 거라고 믿어.

나는 어떤 사람이 되고 싶었을까?

반복, 반복, 그리고 다시 반복

열정까지 지속할 수는 없어

어렸을 때부터 무언가를 새롭게 시작하기를 좋아했어. 새 악기를 배우고, 새로 산 다이어리에 일기를 쓰고, 뜨개질을 배워 목도리를 짜기도 했지. 그러나 야심 찼던 포부와는 달리 악기를 배운 지 한 달이 되기도 전에 싫증을 느꼈고, 다이어리는 3월 이 후부터는 빈 페이지가 이어졌으며, 반쯤 완성된 목도리는 옷장 안으로 들어갔어. 'finish what you started!'라는 말이 딱 나를 두고 하는 말 같았지. 새로운 일을 벌이는 건 늘 재미있고 자신만 만했지만, 시작한 일을 종결하는 건 내겐 너무 어려운 일이었어. 학교에서 설계 프로젝트를 할 때도 처음에는 열정과 패기가 가 득했지만, 나중에는 의지가 꺾인 탓인지 흐지부지 마무리하곤

나는 어떤 사람이 되고 싶었을까?

했어. 결국, 이런 모습을 개선하고 싶어 목표 하나를 정했지.

'처음 정한 마음을 바꾸지 않고 쭉 이어 가기, 그리고 매듭을
확실하게 짓기'

하는 일마다 매듭을 잘 짓지 못했던 가장 큰 이유는 '나의 열
정이 바닥났으니 더는 할 수 없다'라는 생각 때문이었어. 처음 시
작할 때의 상상력, 열정, 체력, 자신감도 시간이 갈수록 그 에너
지가 소모되기 마련이잖아? 그에 따라 결과에 대한 기대감 또한
떨어지는 게 당연하다고 생각했어. 무엇보다 '특별함'이 사라졌
다는 느낌이 많이 들었어. 어떤 일이든 반복하다 보면 금방 익숙
해지고, 나 역시 거기서 오는 지루함을 견딜 수 없었던 거지.

그러나 시간이 지날수록 특별함이 있어야만 무언가를 해나
갈 수 있다는 게 아니란 걸 알게 되었어. '해야 하는 일'은 말 그
대로 '하기 싫을 때도 해야 하는 일'이었어. 기분 내킬 때만 하고,
기분이 좋지 않은 날엔 하지 않는다면 조금도 앞으로 나아갈 수
없다는 얘기야. 결과가 처음 생각했던 것처럼 나오지 않아도 상
관없어. 중요한 건 끝마쳤다는 것이고, 처음의 마음가짐과 100%
일치하지 않는 건 지극히 자연스러운 현상이니까. 그렇다고 열
정이 완전히 식은 상태에서 기계적으로 반복하려고만 한다면

금방 번아웃이 오고 말 거야.

내가 깨달은 아주 중요한 사실은 '오프 더 레코드'와 '온 더 레코드'를 구별하지 않아야 즐겁게 반복할 수 있다는 거야. 이게 무슨 말이냐고? 예를 들어 내가 한 학기 동안 진행해야 할 새로운 설계 프로젝트를 시작한다면 온 정신이 설계에만 집중되어 있을 거야. 학교를 졸업한 후에도 나는 계속 이 일을 할 것이고, 포트폴리오에 기록될 작품이기 때문에 사소하게 여길 수가 없지. 무엇보다 이왕 하는 거 제대로 하고 싶은 마음이 들기도 하니까. 설계할 땐 지도 교수님께 매주 평가를 받으며 조금씩 발전시켜 나가야 해. 작품을 만들다 보면 처음부터 완전히 갈아엎어야 하는 상황이 발생하기도 하는데, 수정에 수정을 거듭하고 교수님들의 날카로운 비평을 수렴하는 과정을 견뎌내야만 하지.

이때 스트레스를 받게 될 텐데, 나는 설계를 '놀이'로 생각하려 노력했어. 내게 스트레스를 주는 공간이나 시간의 구속에서 벗어나야 한다고 생각했거든. 그래서 설계를 하지 않는 시간에는 아예 다른 것들을 하며 지친 마음을 회복하기도 했어. 친구들과 수다를 떤다든가 카페에서 혼자 음악을 듣는다든가 다른 취미 활동을 찾아 설계실에서의 스트레스를 완전히 날려버리려 했지. 문제는, 밖에서 즐겁게 시간을 보낸 만큼 설계에 대한 부정적인 마음이 배가되었다는 거야. 설계 수업 시간이 다가오면 전날부터 마음이 불안해 잠도 제대로 못 잤고, 과제를 하기 위해 설계실에 들어서면 극도의 공포가 몰려왔어. 설계 자체에 환멸을 느끼게 되었다고도 볼 수 있겠지. '아, 이 짓을 또 해야 하나' 하면서 말이야.

'온 더 레코드'와 '오프 더 레코드'의 괴리가 너무 컸던 나머지 나는 더 힘들어졌어. 예컨대 카메라 앞에서 보여야 하는 모습이 있다고 해서 본래의 모습과 전혀 상반된 모습을 보여주면 그 행위를 지속해 나가기 어렵잖아? 카메라 앞에서든 카메라 뒤에서든 항상 똑같은 모습이어야 부담을 느끼지 않을 테고, 오랫동안 지속할 수 있을 거야. '반복의 힘'도 여기서 나오겠지. 결국, 나는 설계를 일상 속으로 데려오기로 했어. 아침에 일어나면 인스타그램이나 유튜브를 보는 게 습관이었던 나는 불필요한 소식들을 접하는 대신 다른 학교 친구들의 작품이나 공모전 작품들을 윈도쇼핑하듯 구경하기 시작했어. 나에게 영감을 주는 작품들을 하나하나 눈에 담으니 없던 의욕도 생기더라. 혹시나 또 내 마음이 변할까 봐 '이건 누가 시켜서 하는 게 아니라 내가 좋아서 하는 거야' 하며 스스로를 점검하기도 했지.

이전의 나였다면, '잠깐의 평화로운 아침을 위해 설계는 머릿속에 떠올리지 말자' 하며 생각 없이 볼 수 있는 가벼운 영상들이나 찾아봤을 거야. 설계할 때의 '온 더 레코드'와 설계를 하지 않아도 되는 일상의 '오프 더 레코드'를 스스로 만들어버렸던 거지. 이후부터는 핸드폰을 만지작거리며 아무 의미 없이 낭비하는 시간을 줄이고, 그 시간을 '설계에 관한 것'으로 채워나가기 시작했어. 인기 급상승 동영상이 아닌 설계 영상을 보고 있다는 게 처음에는 좀 어색했지만, 자꾸 보다 보니 어느 순간부터는 '진짜'로 재미있어지더라.

> '다이어그램을 만들어야 하는데, 어떤 다이어그램들이 있을까?'

밥을 먹으면서도 핸드폰으로 웹툰을 보듯 레퍼런스를 찾기 시작했고, 노래를 들을 때도 가사에서 설계에 대한 콘셉트나 힌트를 찾아보기도 했지. 심지어는 샤워를 하면서도 빠뜨린 부분들에 대해 복기했어. 일상 속에 설계가 스며드니 자연스럽게 '놀이'로 인식이 되었고, 나중에는 설계실에 앉아 본격적인 설계를 할 때보다 많은 아이디어와 해결방안들이 떠오르기 시작했어. 그래서 똑같은 작업을 반복하거나 재수정해야 하는 상황 앞에서도 짐이나 숙제로 느끼지 않았어. 왜냐? 이미 일상이 되어버렸으니까.

명심해야 할 건 바로 이거야. 부담스럽고 스트레스를 받는 일이라고 생각하게 되면 점점 더 하기 싫고 힘들어진다는 것. 그러니 꾸준히 반복해야 하는 일이 있다면, 일을 해야 하는 '시간'이나 '공간'에 제약을 두지 말고 그저 네 일상으로 완전히 초대해 봐. '적'을 '친구'로 만들면 더 이상 싸우지 않아도 되잖아.

반복의 다른 말은 포기하지 않는 것

나는 낯선 장소나 공간에 대한 두려움이 별로 없어. 설령 말 한마디 통하지 않는 나라에 혼자 떨어진다 해도 말이야. 연거푸 실수해도, 계획대로 되지 않아도, 길을 잃고 헤매는 것에 대한 걱정이 없다는 거지. 낯선 장소에 대한 걱정이 없는 가장 큰 이유는 아마 어릴 적 부모님과 함께 떠난 배낭여행 덕분일 거야. 호화롭거나 풍족한 여행은 아니었지만, 방학이 되면 짧게라도 가까운 나라를 부모님과 함께 돌아다녔어. 이곳저곳 살피며 최대한 많은 것들을 보고, 듣고, 경험하기 위해서는 최대한 돈을 아껴야 했기에 동네 큰 마트에서 끼니를 해결할 음식들을 사기도 했지.

부모님과 여행했던 기억이 조금씩 희미해질 때쯤, 건축에 대한 견문을 넓힐 겸 혼자 배낭여행을 떠나게 되었어. 분명 낯선 곳이었지만, 불필요한 두려움 같은 건 없었지. 반복을 통한 경험이 여기서 크게 작용했던 것 같아. 그리고 익숙해진 루틴이나 기술은 시간이 지나도 크게 변하지 않는다는 걸 어렴풋이 느끼게 되었지. 유튜브와 인스타그램을 시작하며 나의 성장 과정을 기록하기 시작했을 때도 일정한 주기에 맞춰 꾸준히 제작하고 업로드하는 게 가장 힘들었어. 그래서 실제로 중간중간 많이 쉬어가거나 미루기도 하고, 때로는 까먹기도 했어. 중간중간 멈춘다고 해서 포기하는 게 아니야. 힘들 때 주저앉는 것도 반복의 과정 중 하나니까.

'갓생'을 살며 하루도 빠짐없이 자신만의 일정과 루틴을 치밀하게 체크해나갈 수 있다면 좋겠지만 나의 모습은 그렇지 않았어. 그래도 누구에게나 달력 속에 공백으로 남은 날짜가 있다는 것, 그럼에도 다음 페이지를 넘길 때 '다시 시작'할 수 있다는 걸 배웠지. 작심삼일도 반복한다면 상당히 큰 효과를 볼 수 있고, 그런 의미에서 나는 내가 처음에 가졌던 꿈들을 반복해서 상기시켰어. 포기해버리면, 반복할 기회조차 얻을 수 없다는 걸 잊지 마.

나는 어떤 사람이 되고 싶었을까?

성장 일기 쓰기

과정을 눈으로 확인하기

"아, 빨리 서른 되고 싶다."

학창시절에 입에 달고 살던 말이야. 앞으로 걸어가야 할 길이 너무 멀게만 느껴졌고, 잘 견딜 수 있겠다는 확신이 없었어. 그래서 스킵할 수만 있다면 이십 대를 건너뛰고 싶었지. 서른은 많은 것들을 충분히 얻은 상태일 것이고, 더 이상의 성장통은 겪지 않을 나이라고 생각한 거야. 정말 바보 같은 생각이었지. 힘든 시기를 보내고 문득 뒤돌아봤을 때, 나를 여기까지 오게 한 발자국들을 보며 큰 용기를 얻을 수 있다는 사실을 미처 몰랐던 거야.

나는 어떤 사람이 되고 싶었을까?

삶의 과정들을 눈으로 확인하게 되면 뿌듯함도 느낄 수 있지만, 무엇보다 엄청난 동기부여가 돼. 더 많은 발자국을 남겨야겠다는 생각이 저절로 들지. 기록의 방식은 저마다 다르겠지만 기록이 갖는 의미는 모두에게 소중하고 또 중요해. SNS 등 개인 채널에 남긴 흔적들을 보면 그때의 감정이 하나하나 다 느껴지는데, 이는 단순히 회상의 차원을 넘어 우리에게 많은 것들을 가져다주곤 해. 시작할 때 나의 모습이 어땠는지, 그리고 지금은 또 어떻게 달라졌는지 확인하면서 내일을 마주할 힘을 얻을 수 있어.

과정을 '눈'으로 확인하는 가장 좋은 방법은 아무래도 일기일 거야. 이 역시 꾸준하게 쓰는 게 생각보다 어렵지만, 하루하루 쓰다 보면 요령이 생겨. 나는 일기 쓰기에 아직 숙달이 덜 되었을 때, 소설책 하나를 완성한다는 기분으로 쓰기 시작했어. 1년 동안의 모험기를 오롯이 담아낸 거지. 새 일기장의 종이는 서로 붙어 빳빳한데, 쓰면 쓸수록 종이와 종이 사이에 물결 같은 간격이 생기게 돼. 이 또한 하나의 과정을 지켜보는 재미라고 볼 수 있지. 글씨가 빼곡한 종이와 아직 아무것도 쓰이지 않은 종이가 구분되면 '흔적이 이렇게도 남는구나!' 하며 흐뭇해하기도 했지.

나의 기록들을 눈으로 일일이 확인할 수 있게 되면 다른 무엇보다 '완성'에 대한 욕심이 생기게 돼. 차일피일 미루던 일기쓰기가 루틴으로 온전히 자리잡히면, 저녁이 은근히 기다려지기도 해. 오늘 있었던 일들을, 오늘 느꼈던 감정과 정서를 얼른 글로 풀어내고 싶어서 말이야. 그렇게 한 권의 일기장을 끝내면, 또 다른 한 권을 써 내려가는 거지. 무엇이든 물성을 가지면 좀 색다르게 느껴지잖아? 일기도 마찬가지야. 처음 일기장을 샀을 때 나는 일기장 표지에 'This is how I fight my battle'이라고 적었어. 직역하면 '내가 전투하는 방식'인데, 앞으로 여기에 기록할 나의 이야기들이 '나약함'이 아니라 포기하지 않고 버티며 싸우는 '강인함'이었으면 하는 바람이 있었거든. 너도 너라는 캐릭터의 모험기를 써 내려간다고 생각하고 일기 쓰기를 시작해봐. 좋은 모습이든, 좋지 않은 모습이든 세세하게 기록해서 네가 어떻게 성장해왔는지 확인한다면 성장하는 데 많은 도움이 될 거야.

성장 과정을 기록하는 것 자체에 뿌듯함을 느끼면, 보상받기 위한 노력보다 노력 자체에 큰 의미를 두게 된다는 것도 잊지 말고. 모든 과정에는 결과가 따르게 되어 있어. 하지만 그 결과를 더욱 아름답고 풍성하게 해주는 것은 결국 '과정'이니까.

나는 어떤 사람이 되고 싶었을까?

나의 이야기는 곧 나의 브랜드

요즘은 일기 말고도 다양한 방법으로 기록할 수 있어. 가령 사진을 찍어 남긴다든가 영상으로 생생한 현장감도 살릴 수 있지. 이러한 방법들은 일기와는 또 다른 감각을 일깨워주곤 해. 또 한 장 한 장 일일이 펼쳐 보기 어려운 상황이라면 더더욱 추천할게. 글보다는 사진이나 영상이 더 직관적인 것도 사실이니까. 특히 영상은 당시의 경위나 상황, 감정들을 실시간으로 느낄 수 있지. 표정과 말투, 심지어는 목소리의 작은 떨림까지도 고스란히 담기게 되잖아. 기록하는 방법에는 저마다의 장단점이 있겠지만 영상 같은 시청각 자료는 하나의 포트폴리오를 구성하는 데도 많은 도움이 돼.

아날로그 방식을 고수하겠다면 말리지는 않겠지만, 좌중을 사로잡는 개성이나 색깔이 없으면 옆에 있는 긴 글 또한 읽힐 기회가 사라지고 말 거야. 특히 요즘 같은 디지털 시대에서는 말이야. 이러한 기록들은 자신을 브랜딩하는 데도 많은 이점을 갖고 있어. 사람들의 스펙은 점점 더 상향 평준화되어 가고, 그렇다면 스펙보다는 자신만의 특별함이 더욱 중요시되는 시대라고도 볼 수 있지. 때로는 개개인의 기록들이 얼마나 다채롭고 풍부한가에 따라 역량이 구분되기도 하니까. 레드오션에서 살아남는 방법은 오직 '특별함'이야.

인플루언서나 크리에이터를 꿈꾸는 친구들에게도 나는 똑같은 대답을 내놓았어. SNS를 가장 지혜롭고 현명하게 이용하는 방법은 자신의 계정을 필모그래피나 포트폴리오로 만드는 거라고. 콘텐츠보다는 사람 자체가 가지는 매력과 힘을 믿으라고. '콘텐츠를 위한 콘텐츠'를 제작하기 시작하면 마라톤이 아닌 단거리 경주로 끝나게 돼. 일시적으로 사람들에게 관심을 받을 수는 있겠지만 그 유효기간은 매우 짧아. 이는 크리에이터에 국한되는 얘기가 결코 아니야. 다시 말해, '손에 쥔 것'들로 승부를 보는 게 아니라 '쌓아둔 이야기'로 승부를 보는 시대라는 거지.

명품이 왜 비싸다고 생각해? 좋은 원단을 써서? 아니면 사람들의 선호도가 높아서? 물론 그런 이유도 있겠지만, 명품의 가치는 대개 그 브랜드의 역사가 증명해. 숭고한 정신으로 오랫동안 지속해온 고집과 신념이 명품의 가치를 매긴다는 거야. 너만의 역사와 이야기를 가져야 하는 분명한 이유도 여기에 있어. 이는 단순히 호감을 넘어 커다란 신뢰를 주기도 하지. 너도 너를 가장 잘 담아낼 방법과 방식으로 너만의 이야기를 써 봐. 그 과정을 기록하지 않고 마음속에 간직하려 한다면, 무엇과도 바꿀 수 없는 소중한 성취의 순간들을 까먹게 될 테니까.

성취 경험 늘리기

사소한 것에서 얻는 성취감

나도 방학이나 휴일에는 아무것도 안 하고 침대에 누워 있는 게 좋아. 계획한 것들을 미룬 채 말이지. '그래, 내일 해야지' 하고 방에서 뒹굴다 보면 왠지 모를 찝찝함이 밀려오기도 해. 이러면 안 된다고 속으로 외쳐봐도 편안함이 주는 유혹에 금방 넘어가 버리게 되지. 너도 알고 있을 거야. 고무줄처럼 느슨해진 몸과 마음을 원래대로 되돌리는 데 얼마큼의 시간과 노력을 쏟아야 하는지. 이때 좀 더 빠르게 회복하는 방법이 있어. 바로 눈 뜨자마자 '아주 작은 성취'부터 시작하는 거야. 요즘은 완성도 높은 삶을 위해 '이불 개기'로 하루를 시작한다고들 하잖아. 어쩌면 비슷한 맥락일 수도 있겠어. 가령 '기상 후 10분 동안 스트레

칭하기'에서도 성취를 얻을 수 있고, '영단어 하루에 하나씩 외우기'처럼 작은 목표도 성취감을 맛보기에 충분해.

2월부터 쓰기 시작하는 다이어리와 1월부터 쓰기 시작하는 다이어리는 시작점부터 상당한 차이를 가져. 고작 한 달 차이라고 생각할 수도 있지만, 첫 단추를 제대로 끼우지 않은 상태에서 다음 스텝을 옮기게 되면 심리적인 불만족이 생길 수도 있거든. 그렇다고 한 달 전으로 돌아갈 수 있을까? 타임머신이 없는 세상에서는 절대 불가능하지. 한 달 전으로 돌아갈 수는 없지만, 우리에겐 매일 새로운 하루가 주어져. 그 하루의 시작을 성취로 이끌어 간다면 알차고 보람된 하루를 보내는 것이 훨씬 수월해지겠지.

아침에 눈을 뜨자마자 가장 먼저 할 일을 계획해봐. 간단할수록 좋아. 하나에서 멈추지 않고, 할 일의 개수를 늘려 가보는 것도 추천해. 우리의 뇌는 생각보다 단순해서 속이기도 쉬워. 짧은 시간에 여러 가지를 성취하게 되면 하루 일과를 끝내는 시점에는 알 수 없는 성취감이 마구 샘솟을 거야. 그 부스팅 효과를 오래 유지하는 것도 결국은 네 몫이야. 이때 가장 중요한 건 결심이 섰을 때 '바로' 해야 한다는 것. 마음먹었을 때 이것저것 재지 않고 바로 시작해버리면 추진력이 붙거든.

학교에 도착했을 때, 책상에 앉았을 때도 계획한 걸 조금씩 실행에 옮겨봐. 중간에 쉬더라도 되돌아갈 수 있는 탄성이 생겨. 물론, 어제 하지 못한 숙제를 오늘 다 몰아서 하는 등의 일과는 성취감과는 거리가 멀겠지? '하루에 문제집 한 권 풀기', '하루에 책 한 권씩 읽기', '하교 후 매일 2시간씩 운동하기' 같은 계획도 좋지만, 현실적으로 꾸준함을 갖기 매우 힘들어. 작고 사소한 일이라도 좋으니 스스로 성취감을 얻을 수 있는 요소들을 발견해 나가길 바라.

잘하는 건 중요하지 않아

결과물이 나왔을 때, 생각했던 것보다 조금 '더' 해냈다는 생각이 들면 만족감은 두 배가 될 거야. 운동도 '이젠 정말 한계야'라는 생각이 들 때 하나를 더 하면 비로소 진짜 운동이 된다고 하더라고. 나도 수학 문제 10개 풀기를 목표로 삼고 마지막 문제까지 다 풀었을 때 괜히 하나 '더' 풀어본 문제에서 실력이 확 느는 기분을 느낀 적 있어. 독서를 할 때도 '딱 한 페이지만 더 읽어야지' 하다가 어느새 마지막 페이지를 넘기는 경우도 많았지. 한번은 설계 시간에 아이디어가 떠오르는 대로 만들어보는 '매스 스터디'(mass study, 건물의 기본 형태를 구상하며 여러 대안을 만들어보는 과정)를 했는데, 머리가 먹통이 된 거야. '힘을 빼고 한두 개만 더 만들고 끝내자'라는 생각으로 몇 개 더 만들었고, 이전보다 훨씬 좋은 대안이 나와 놀랐던 적도 있어.

마음을 비우고, 평소에 해왔던 것보다 조금씩만 더 하게 되면 그 짧은 순간에 아주 의외의 성취감을 맛볼 수도 있다는 거야. 기준을 높게 잡고, 그걸 완벽하게 해내야만 성취감을 느낄 수 있는 게 아니라는 얘기지. '소소하지만 확실한 행복'이란 뜻의 '소확행'을 한 번쯤 들어봤을 거야. 지금 우리에겐 '소확성', 소소하지만 확실한 성취감이 필요해. 하루하루 작은 성취감을 만들어가는 것이, 크고 중대한 무언가를 이루는 것보다 중요하다는 걸 명심해. '나라는 사람은 해낼 수 있는 게 별로 없구나' 하는 생각이 들기 시작하면 스스로의 능력과 가능성을 자진해서 떨어뜨리는 꼴이 되고, 그렇게 되면 목표를 향해 나아가는 데 수많은 제약이 생길 거야. 그리고 그 제약은 다름 아닌 네가 만들게 되는 셈이지.

'나는 끈기가 없어서 그런 거 못해.'
'내게 그럴 만한 재능이 있는지 잘 모르겠네.'
'영어도 못하는 내가 어떻게 유학을 가겠어.'

나는 어떤 사람이 되고 싶었을까?

내가 만약 이런 마음을 계속 품고 있었다면 나의 한계를 깰 수도 없었을 테고, 그럴 기회조차 얻지 못했을 거야. 다른 사람이 뭐라고 생각하든 자신에게 있어 조금이라도 성취감을 주었던 무언가가 있다면, 거기서 얻은 자신감은 반드시 눈덩이처럼 커지게 되어 있어. 나는 건축을 공부하면서 다른 학생들의 포트폴리오나 작품들을 많이 찾아보곤 했어. 그게 실제로 공부에 많은 도움이 되었거든. 건축학과로 유명한 명문대 졸업전시회도 구경하면서 우물 안 개구리가 되지 않기 위해 노력했어. 그때 그들을 보며 깨달은 게 있지. 그 사람들은 뭔가 확실히 달랐어. 그들이 수학 공식이나 건축 메커니즘에 대한 이해도가 높아서도 아니고, 물리 법칙을 더 심도 있게 이해해서도 아니야. 어려운 것들을 자신의 것으로 만들기 위해 피 터지게 싸웠다는 사실이 그들의 눈동자가 더 빛나 보이게 만든 거야.

삶에서 '마음먹으면 무조건 해낼 수 있다'라는 확신을 가져 본 사람과 그렇지 않은 사람은 본질부터 달라. 노력 없이 큰 성취만을 기다리는 건 그저 시간 낭비일 뿐이라는 것을 그때 알았지. 또 다른 예시도 있어. 대학교 2학년 때부터는 컴퓨터로 작업해야 했는데, 프로그램 중에서도 특히 포토샵과 3D 모델링은 내가 넘기에는 너무 큰 산이었어. 매번 동기들이나 선배들에게 물어봐야 했지. 기본기도 없던 터라 명칭 자체도 너무 어려웠고,

매일같이 '나는 졸업 때까지 망했구나' 하며 망연자실했어. 그렇게 여름방학이 찾아왔고, 공모전을 진행하면서 선배들이 하는 걸 어깨너머로 보게 된 거야. 집에서 여러 프로그램을 독학으로 차근차근 익혀나가기 시작하니, 명칭과 기본적인 표현 정도는 스스로 할 수 있게 되었지. 이것저것 만져보고, 탐색하기를 몇 개월… 그때부터는 내 머릿속에 있는 걸 거의 완벽하게 구현해 냈어.

'마음먹으면 못할 게 없구나.'

남들보다 미숙했고, 서툴렀고, 그래서 시간이 많이 소요됐지만 엄청난 성취감을 느끼게 된 거야. 그 이후로는 다른 사람들의 화려한 작품을 봐도 "나도 저 정도는 할 수 있겠는데?" 하며 자신감을 드러냈지. 무엇보다 이 자신감은 쉽게 무너지지 않을 것이었어. 자신감의 출처가 다름 아닌 '감각'과 '기억'이기 때문이었지. '얼마큼 잘했냐'가 아니라 '했냐, 안 했냐'의 관점이라면 이 경험을 통해 정말 많은 걸 얻을 수 있어. 100%의 성취를 한 번에 할 수 없을지라도, 10%씩 10번만 하면 100%가 채워진다는 사실을 기억하길 바라. 이 성취 경험이 너의 모든 미래를 안전하게 지켜줄 거야.

나는 어떤 사람이 되고 싶었을까?

너와 너의 미러전

마음 알아주기

수업이 먼저 끝난 친구가 나를 기다리지 않고 집에 가는 건 당연한 일이잖아? 그런데 참을 수 없이 서운하고 화가 날 때가 있지. 엄마가 평소처럼 숙제 다 했냐고 물어봤을 뿐인데 갑자기 욱하는 마음이 생겨 신경질을 낼 때도 있어. 그러다가 '이게 이렇게까지 화를 낼 일인가?' 하며, 치미는 격한 감정을 자신조차 이해하기 어렵다고 생각하지. 모두가 대수롭지 않게 여기는 작은 일 앞에서 나만 유난히 더 서럽고 화가 난다면 그건 그 일이나 그 사람 때문이 아니야. 과거에 받은 상처나 좋지 않은 기억 때문에 과민하게 반응하게 되는 거지. 나에게 상처가 되었던 말이나 행동, 상황과 조금이라도 비슷하다는 느낌이 들면 누구나 영향을 받을 수밖에 없어. 때로는 이러한 신호를 애써 모른 척하며 아무것도 아닌 것처럼 넘겨버리기도 하지.

'오늘 내가 좀 예민하네.'
'컨디션이 안 좋아서 그래.'

그런 마음이 들수록 진짜 내 마음이 정확히 무엇으로부터 자극을 받은 건지, 단순히 짜증 나고 화나는 기분 이면에 내가 어떤 다른 감정을 느끼고 있는지, 언제부터 이런 감정들이 쌓이기 시작했는지 점검해 보곤 했어. 경험상 그렇게 하지 않고 무시한다면 자꾸 내 감정에 쫓기게 되더라고. 때론 감정이 뿌리내린 곳이 너무 깊어 시간여행을 하듯 어린 시절로 돌아가 언제, 어디서 받은 상처인지 들여다봐야 할 때도 있어. 부모님에게 서운하고 억울했던 감정들이나 남들에게 차마 말하지 못했던 혼자만의 외로움, 갈등 등을 발견하기도 했지.

돌이켜보면 내가 원하지 않는 상황에 놓인 경우가 대부분이었어. 혼자 견딘 외로운 시간들이 얽히고설켜 나를 물끄러미 바라보고 있더라고. 누군가에게 기대한 만큼 실망하게 되고, 그 실망감이 모여 상처로 자리 잡게 된 거야. 그리고 그 상처는 다양한 형태의 '화'로써 표출되며 스스로를 방어해 나갔지. 그러다 문득, '만약 그때로 돌아간다면 나는 나에게 무슨 말을 해줄 수 있을까?' 하는 생각이 들었어.

상처받았던 시간에 멈춰 있는 수많은 과거의 '나'들이 원하는 게 뭔지 알고 싶었어. 어떤 '나'는 아픔에 대해 말했고, 또 어떤 '나'는 슬픔에 대해 말했는데 공통적으로는 그 고통을 알아주는 사람이 없었다는 사실이 가장 아팠다고 말했지. 내가 나를 한 번도 따뜻하게 안아주지 못했다는 게 참 슬프기도 했어. 한편으로는 이런 나의 마음을 굳이 다른 사람이 알아줄 필요는 없다는 생각도 들었어. 내가 내 마음을 알아주지 못하는데 다른 사람이 내 마음을 알아준들 무슨 소용이 있겠냐는 거야. 누군가가 나를 투명인간 취급하면 오기가 생겨 더 크게 소리 지르게 되는 것처럼, 내 감정도 자신의 존재를 알아봐 달라고 나에게 끊임없이 외쳤는데 스스로 그 소리를 외면했어. 타이르고 격려할 여력이 당시에는 없다고 생각했나 봐.

그때부터 내가 왜 우울했는지, 왜 화가 났는지, 왜 의욕이 없고 공허했는지 살피기 시작했지. 상대방과 깊은 관계를 맺기 위해서는 서로의 이야기를 솔직하게 하고 또 들어주는 게 중요하잖아? 나 자신과도 마찬가지야. 한 번 쳐다봐 달라고 소리치는 '나'를 외면해서는 안 돼. 다른 누구도 아닌 자기 자신과 돈독해

지는 게 첫 번째라는 얘기야. 장애물 앞에서 주저앉고 싶고, 포
기하고 싶고, 헤어나오기 어려울 때 너에게 손을 내밀어줄 유일
한 사람은 결국 너 자신이니까.

100번 틀려도 101번 해내기

"누구한테도 꿀리지 않을 거야!"
"높은 수준을 보여줘야지."
"한 치의 실수도 없다!"

전에는 무언가를 도전하기에 앞서 늘 이런 다짐을 하곤 했
어. 특출나고 싶었고, 무슨 일이 있어도 져서는 안 된다고 생각
했기 때문이지. 이런 나의 다짐들이 이제는 다른 형태를 띠게 되
었어.

"100번 틀려도 101번 다시 해야지!"

자신과의 싸움에서, 혹은 타인과의 싸움에서 살아남은 사
람들은 남들이 포기했던 그 '한 번'을 더 해버린 사람들이야. 나
는 그 어떤 말보다 '틀렸어'라는 말을 무서워했는데, 그 말을 들

을 때면 나의 선택이, 나의 도전이 모두 부정당하는 느낌이 들었지. 그 느낌이 싫어서 시작을 망설였던 적도 많아. 실수나 실패에 대한 두려움보다는 '틀렸다'는 말 자체에 대한 두려움이었다고 볼 수 있지.

물론 대학교에 들어오고 나서도 비슷한 얘기를 교수님들께 많이 들었어. 처음 그 말을 들었을 때는 심장이 쿵 하고 내려앉고 아무것도 하지 못할 것 같은 무력감이 들기도 했어. 늘 정답만을 가져가 보여드리고 싶었는데, 나는 왜 이렇게 부족한 게 많은지…. 스스로에게 실망하고 자책도 많이 했지. 그러나 시간이 흐르면서 내가 저지르는 '실수'나 종종 내놓는 '틀린 답'이 지극히 당연한 현상이라는 걸 알게 되었어. 30년이 넘도록 한 길만을 걸어오신 교수님들도 여전히 새로운 걸 연구하고 시도하는데, 이제 겨우 1년 공부한 햇병아리 같은 내가 '완벽'을 추구한다는 것 자체가 이미 엄청난 오만이었던 거야.

내가 옳다고 생각하는 방식으로 문제를 풀었을 때, 그게 설령 오답일지라도 정답에 가까워지고 있다면 그걸로 충분하다는 확신이 섰어. 만약 남들의 완벽한 풀이를 그대로 베껴 높은 점수를 받는다고 해도 그게 무슨 의미가 있을까 싶었던 거지. 그건 베끼는 걸 넘어 회피의 의미가 더 크다고 생각해. 이해를 못 했

나는 어떤 사람이 되고 싶었을까?

는데 다음 문제, 다다음 문제를 무슨 수로 풀겠어? '남의 방식으로 맞히는 것보다 내 방식으로 틀리는 게 낫다'는 거야. 내 생각과 아이디어로 틀렸다면 적어도 어디서, 어떤 오류가 났는지는 알 수 있잖아. 남의 것을 모방하다가 틀렸다면 문제를 바로잡기도 힘들뿐더러 교수님이 보완점을 제시해준다고 해도 내 것이 아닌 이상 살을 붙이거나 변형할 수도 없다는 거지.

이렇듯 이왕 101번 시도할 거라면, 좀 틀리더라도 네 방식으로 도전해봐. 결과가 좋지 않더라도 적어도 '그렇게 해볼걸', '사람들이 좋아해 줄 것 같았는데' 하는 미련이나 후회 따위는 남지 않을 테니까. 방식의 오류를 찾고 동료, 선배, 선생님의 조언을 참고하며 수정하고 보완한다면 102번째 시도에서는 또 어떤 결과가 나올지 몰라. 자신과의 싸움에서 물러서지 않을 뚝심이 있다면 남과의 싸움에서도 이길 수 있을 거야. 남이 너를 믿지 않아도, 너는 너를 믿어야 하니까.

셰프의 기분

쓰다 보니 벌써 에필로그까지 왔구나. 괜히 아쉽고 서운하고 그렇네. 내가 지금까지 했던 모든 이야기가 너에게 정답이 될 수는 없겠지만, 다시 시작할 수 있는 힘과 용기가 되었으면 좋겠어. 결국, 내가 던질 최후의 메시지는 '마음이 움직일 때 시작'하라는 거야. 행복했던 시간, 즐거웠던 시간, 심장이 조금이라도 뛰었던 그 순간들이 언제나 너에게 힌트를 주고 있잖아.

막연해 보이고, 멀어 보이는 거대한 꿈일지라도 하루하루 '소소한 달성'을 해나가다 보면 결국 이루어진다고 생각해. 목적지에 도착하는 것만이 여행이 아니야. 계획을 세우고, 짐을 싸고, 비행기에 오르내리는 모든 행위가 여행의 일부니까. 여전히 힘들고 어려운 시간 속을 걷고 있다면 스스로 '인내'하고 있다고 생각하지 말고, 꿈을 하나씩 이루고 있다고 생각하길 바라. 성공에 관한 달콤한 말들은 더 이상 필요치 않아. 너만의 방식으로 좋아하는 일을 하면서 특히 많이 웃길 바랄게. 결국, 우리 모두는 행복하기 위해 살아가는 존재들이니까.

매일매일이 즐겁다면 좋겠지만, 사실 그건 불가능에 가까워. 큰 열정과 의지도 시간이 지나면 연소되기 마련이고, 목표가 장대할수록 실수와 실패를 더 많이 맛보게 될 테니까. 그러니 때론 삶이 너를 비웃더라도 주눅 들거나 좌절하면 안 돼. 하고 싶은 일을 하며 행복하게 살고 있다고 자신 있게 말하고 다니는 나조차도 모든 걸 내팽개치고 싶을 때가 많아. 다 그만두고 아무도 없는 곳으로 도망치고 싶을 때도 많고. 처음에는 이런 현상 자체가 엄청난 시련인 줄 알았어. 상상도 하지 못했던 일이니까.

네가 조금만 더 크면 알게 될 거야. 이보다 자연스러운 현상은 또 없다는 걸 말이야. 우울감, 번아웃, 스트레스, 권태기 등 너에게 찾아오는 시련과 좌절의 형태는 정말 다양할 거야. 이런 친구들이 너를 찾아올 때는 놀라지 말고, '어차피 왔으니 적당히 놀다 가' 하며 그냥 반겨주면 돼. 나중에는 네가 떠밀지 않아도 알아서 사라질 거야. 시시각각 바뀌는 날씨를 보면서 이상하게 생각하지 않는 것처럼 너에게 불어닥치는 모든 현상 또한 자연스럽게 여기면 돼. 맑고 화창하다가도 어느 순간 소나기가 쏟아지고, 태풍이 불어닥치겠지. 다행인 것은 영원한 태풍은 존재하지 않는다는 거야.

어둡고 캄캄한 밤이 무섭다고 '밤이 절대 오지 않는 세상'으로 도망친다면 편할 것 같아? 더위에 지쳐 일은커녕 일상생활도 제대로 못 하게 될 거야. 그러니 네 삶에 깊은 절망과 어둠이 깔려 있다고 해서 무서워하거나 초조해하지 마. 힘들고 지쳐도 네가 진정으로 사랑하는 일을 하고 있다면 충분히 극복하고 이겨낼 수 있어. 그러니 남이 아닌 '네 마음'에 조금만 더 귀를 기울여줘.

내가 이 책을 통해 너를 조금이라도 웃게 했다면, 그리고 네가 다시 일어서는 데 조금이라도 보탬이 되었다면 나는 그걸로 충분해. 우리의 만남이 어디선가 예기치 않게 다시 이루어진다면 좋겠고, 어쩌면 그땐 네가 나보다 훨씬 더 반짝이는 사람이 되어 지난날들을 내게 신나게 늘어놓을지도 모르지. 너의 모든 여정을 있는 그대로 응원해.

그러니까 우리, 포기하지 말고 계속 걷자.

나는 어떤 사람이 되고 싶었을까?

Q. 　올해 10월에 아내와 초등학교 3학년 딸이 뉴질랜드 유학을 앞두고 있습니다. 잠깐의 이별이지만 아직은 실감이 나지 않고, 서로 잘 버틸 수 있을지 걱정입니다. 유학 생활을 경험한 아진님은 가족과의 이별을 어떻게 참고 견디셨나요?

A. 　사랑하는 가족들과 잠시 헤어져야 한다니…. 제가 오히려 더 먹먹해지네요. 딸이 더 큰 세상에서 많은 경험을 하고, 지혜롭고 현명한 어른으로 커 간다고 생각하시면 조금이나마 위로가 되지 않을까 싶어요. 뉴질랜드에서의 경험은 앞으로의 삶에 많은 원동력이 될 거라 장담해요. 물론 어린 친구가 처음에는 낯선 환

경에 적응하기 힘들 수도 있고, 스스로 극복해야 하는 장애물들이 끝도 없이 나타나겠지만 무슨 일이든 '처음'은 힘들기 마련이잖아요. 그러니 너무 걱정하지 마세요. 저도 부모님과 떨어져 있었지만, 그 기간에 오히려 부모님과의 사이가 더 돈독해졌는걸요. 그리고 왠지 모르게 더 멋지게 성장한 저 자신을 보여드리고 싶은 마음도 있었어요. 떨어져 있지만, 서로에 대한 그리움과 사랑은 언제나 느낄 수 있을 거예요.

Q. 진로를 정하는 데 있어 좋아하는 일을 할 것인지 혹은 잘하는 일을 할 것인지 확신하기 어려워요. 좋아하는 일을 직업으로 삼았을 때, 직장 스트레스 등으로 인해 제가 여전히 그 일을 좋아할 수 있을지 모르겠어요. 좋아하면서 동시에 잘하는 일은 찾기란 매우 어려운 것 같은데, 이에 대한 현명한 해결책이 있을까요?

A. 어쩌면 '좋아하는 일'과 '잘하는 일' 중 하나를 선택해야 한다는 사실 자체가 우리를 괴롭히고 있는 것 같아요. 만약 어떤 일을 좋아하는데, 그 일을 남들보다 아주 조금이라도 더 잘한다면 그것만으로도 충분히 진로로 확장해볼 만하다고 생각해요.

그보다 중요한 건 좋아하는 일을 택하든 잘하는 일을 택하든, 한 번은 반드시 침몰하는 구간이 찾아온다는 거예요. 저도 마찬가지예요. 제가 좋아해서, 혹은 잘해서 도전해 나가는 모든 일에는 하루에도 몇 번씩 그런 순간들이 찾아와요. 남들보다 모자라고 부족하다는 생각이 들면 하늘이 무너져 내릴 것 같지만, 제가 그 순간들을 매번 극복할 수 있는 건 '그럼에도 이 일을 너무 사랑하는 마음' 덕분이랍니다. 실패나 좌절이 두려워 꿈에 대한 사랑을 포기하는 일이 없었으면 좋겠어요.

Q. 많은 학생이 학교의 이름을 보고 대학에 진학하곤 합니다. 그러나 막상 학교에 다니다 보면 학과 수업에 적응하지 못해 뒷걸음질치는 경우도 생기는데요. 그런 학생들에게 해주고 싶은 조언이 있을까요?

A. 누군가에게는 좋은 밸류의 대학에 진학하는 것이, 자신의 꿈을 이루는 첫 시작이 되어줄 것이기에 이 또한 중요한 목표가 될 수 있다고 생각해요. 그러나, 경향이나 분위기에 휩쓸려 원하지도 않는 학교, 학과에 가게 된다면 오히려 꿈에서 더 멀어지게 될 수도 있어요. 파도에 휩쓸리다 보면 모르는 섬에 표류될 수도 있

나는 어떤 사람이 되고 싶었을까?

고, 기력이 빠져 헤엄쳐 나갈 힘을 전부 소진해 버릴 수도 있죠. 원석일 때보다 가공되어야 가치가 높아지는 보석처럼 자신을 어떻게 가공해 나갈지 침착하게 고민한다면, 적어도 헤매거나 후회할 일은 없을 거예요.

Q. 저는 목표가 있어야 어떤 일을 할 동기가 생깁니다. 꿈이 없는 제 입장에서는 지금 당장 무엇부터 시작해야 할지 모르겠고, 이것저것 시도해봐도 흥미가 생기지 않아 금방 놓아버리게 됩니다. 좋은 방법이 없을까요?

A. 흥미를 느끼는 일을 선택한다고 해서 365일 항상 즐겁지는 않아요. 저도 학기마다 새로운 건축설계를 진행하지만, 학기 중 웃는 날은 다섯 손가락 안에 꼽을 정도예요. 처음엔 흥미를 느껴 다른 일보다 조금 더 수월하게 해낼 수 있을 것 같았지만, 하면 할수록 알 수 없는 장애물과 맞닥뜨리게 되더라고요. 그것들을 타파해 나가다 보면 작은 목표들이 생겨나기 시작하고, 그 작은 목표들이 모여 하나의 큰 꿈의 덩어리가 완성되기도 해요. 어떤 선택을 해도 상관없지만 중요한 건 '시작'한다는 것이니, '포기'에 대한 불필요한 부담은 내려놓길 바라요.

Q. 첫 책《아이엠 I AM》을 열심히 읽었던 독자입니다. 책에서 용기를 얻어, 고등학생 때 혼자 해외여행을 몇 번 다녀오기도 했습니다. 호주, 뉴질랜드를 여행할 때 '이런 나라에서 한번 살아보고 싶다'라는 생각이 들어 지금은 호주에서 대학교에 다니며 공부하고 있습니다. 하고 싶은 것들을 해나가면서 사는 것이 즐겁고 유익하긴 한데, 아직 정말 하고 싶은 게 뭔지(특히, 직업에 관해) 잘 모르겠습니다. 자신이 좋아하는 직업을 찾는 아진 님만의 방법이 있는지 궁금해요.

A. 저도 처음부터 건축에 대한 완고한 뜻이 있었던 건 아니에요. 원대한 꿈이나 목표가 있었던 것도 아니었고, 그저 다른 일들보다 아주 조금 더 흥미가 있었을 뿐이에요. 그렇게 시작해서 하나둘 경험해보니 일을 대하는 저의 태도가 조금씩 진지해지기 시작했어요. 잘하고 싶다는 욕심도 생기고, 더 알고 싶다는 욕심도 생겼거든요. 업으로 삼기 위해 처음부터 완벽하고 치밀하게 준비하고 뛰어들려고 한다면 오히려 막막해질 확률이 높아요. 어쩌면 실패가 두려워서 시작조차 못 할 수도 있죠. 자기가 오랫동안 할 수 있는 '좋아하는 직업'을 찾기 위해서는 두려워하지 않고 '가볍게' 다양한 경험을 해보는 것이 가장 좋은 방법이에요.

나는 어떤 사람이 되고 싶었을까?

Q.　안녕하세요, 저는 배우를 꿈꾸는 중3 여학생입니다. 중2 때부터 연기하는 예술인이 되고 싶었는데요. 가족들의 반대가 심해요. 공부를 안 할 거면, 차라리 특성화고에 진학하라고 하시네요. 꿈에 대해 열심히 설명했지만, 넉넉하지 않은 형편 탓인지 극구 말리십니다. 심지어 학비를 내지 않는 학교도 알아봤는데도 말이죠. 나중에 돈벌이가 안 된다, 배우로는 성공하기 힘들다, 뭐 이런 식으로만 다그치세요. 저는 정말 제 꿈을 포기하고 싶지 않아요. 제가 아직 철이 없어서 그런 걸까요?

A.　하고 싶은 것이 마음속에서 명확하게 크고 있는 것부터 이미 너무 멋있다고 생각해요. 가족들의 반대가 너무 확고해서 더 애가 탈 것 같은 기분 또한 공감하고요. 어쩌면 부모님께서는 아직 어린 딸의 '진정성'을 느끼지 못하신 것 같아요. 이왕이면 안정적인 직업을 가졌으면 하는 바람일 테고요. 만약 저라면 내 꿈을 누군가에게 이야기하고 설득하기 전에, 저 자신이 먼저 꿈에 대한 확신을 갖기 위해 노력할 것 같아요. 내가 흔들리지 않으면, 결국 남들도 그렇게 느끼는 순간이 올 거예요. 저였다면 먼저 부모님과의 협상을 고려해볼 것 같아요. 가령 부모님이 원하시는 성적이나 성과를 가져올 테니, 일주일에 한 번만 연기학원에 다닐 수 있게

해달라고 말이죠. 가장 좋은 건 직접 경험해봐야 한다는 거예요. 마음속에만 담아둔다면 나중에 이뤄내지 못했을 때의 미련과 상실감이 더 크게 다가오거든요. 그러니 지금부터라도 조금씩 연기와 관련된 작은 경험을 해나갔으면 좋겠어요. 연극을 보러 가도 되고, 친구들과 대본을 읽어봐도 되겠죠. 경험을 하다 보면 내가 진짜 원하는 게 뭐였는지 더 명확히 알게 되고, 그러는 사이에 길이 조금씩 바뀌기도 해요. 모든 가능성을 열어 두기로 해요.

Q.   저는 마흔을 바라보는 나이에 20년간 일하던 직장을 그만두고 새로운 도전을 하고 있는 전진소녀 님의 팬입니다. 목표를 설정하고 나아가는 과정에서 '과연 이게 맞는 길일까? 제대로 하고 있는 것일까?' 하는 의문이 들면서 불안해지는 때가 많습니다. 그럴 때 아무 생각 없이 '잘될 거야. 잘하고 있어' 하며 이겨내는 분들도 많지만, 도중에 환경적인 문제나 주변 사람들의 만류 등으로 의지가 흔들려 그만두게 되는 분들을 많이 봤습니다. 저 또한 그런 경험이 있고요. 처음에는 방향이나 의지가 확고해서 노력하다가도 어느 순간엔 힘든 과정이 반복되면서 부정적인 생각들이 머리를 점령하는 시기가 오더라고요. 전진소녀 님은 그런 상황이 왔을 때 마음을 어떻게 가다듬고, 목표를 향한 의지와 노력을 어

떻게 다시 관철시켰나요?

A.   너무 공감되는 질문이에요. 사실 제가 요즘 딱 그런 시기이거든요. 처음엔 마음먹은 대로 목표와 열정을 가지고 거침없이 앞으로 걸어가지만, 중간쯤 왔을 때 '내가 하고 있는 게 맞나? 다른 사람들처럼 했어야 하나?' 하는 생각이 누구나 들기 마련이죠. 이 질문은 오히려 제가 누군가에게 물어보고 싶은 질문이지만, 자문자답하듯 답해보자면 '내가 언제 불안하지 않았던 적이 있었나?' 하고 넘기고 싶어요. 저는 언제나 흔들렸고, 또 부정적인 생각들이 머릿속을 꽉 채웠었거든요. 불안해하는 것에 있어서는 예전과 달라진 게 거의 없지만 분명한 건, 이제는 불안하다고 해서 멈추거나 포기하지 않는다는 거예요. 불안을 애써 쫓으려 한다면 그 불안은 오히려 몸집을 불려 다시 찾아올 거예요.

Q.   저는 이제 고등학교 1학년 학생인데요. 락 음악이 너무 좋고, 드럼 치는 게 너무 좋아서 밴드를 만들어 노래도 만들고 가사도 쓰고 있어요. 입시를 시작하기엔 이미 너무 늦은 것 같고, 학업 문제 때문에 속으로 고민을 많이 하고 있는데요. 저는 당장 음악을 하고 싶은데 부모님께서는 고등학교 때까지는 일단 공부를

하고, 음악은 성인이 된 이후에 하라고 하시네요. 어떤 결정을 내려야 할지 모르겠어요.

A.   저는 고등학교 1학년 때 미술과 운동에 푹 빠져 지냈어요. 재능은 미술에 조금 더 있었다고 볼 수 있지만, 운동할 때 오히려 더 즐겁고 좋았어요. 그러나 조기 교육을 받아온 애들과 견주지 못할 거라 생각했고, 실제로도 입시를 시작하기엔 너무 늦은 나이였죠. 그래서 이 시기에 저는 저만의 전략을 찾아야 했어요. 무작정 즐거운 운동과 조금 더 재능 있는 미술의 중간 지점을 찾아보기 시작한 거죠. 내가 운동을 왜 좋아하는지, 꼭 운동이 아니더라도 다른 것에서 똑같은 즐거움을 느낄 수 있는지 고민한 거예요. 개인적으로 해방감, 자유로움, 에너지 분출 등을 통해 스스로를 표현하는 게 좋았어요. 그렇게 '승리'라는 목표에 도달하는 과정이 너무 재밌었거든요. 마침내 '나'라는 사람을 분석하기 시작하고, 앞으로 어떤 길을 가야 오랫동안 즐겁게 임할 수 있을지 전략을 짜는 게 첫 시작이었어요. 그러다 운동, 음악, 미술, 이 세 가지 요소가 건축에 모두 들어있다는 걸 알게 된 거죠. 질문에 드러난 고민이 제 상황과 그래서 더 닮아 있다고 느껴요. 락 음악이 왜 좋은지, 드럼이 왜 좋은지 한번 생각해보세요. 그리고 드럼 말고

잘하는 게 또 있는지, 이를 다른 요소에 접목할 수 있는지 등을 고민하다 보면 진로가 선명하게 열리기 시작할 거예요.

Q. 약 2~3년 전 아진 님과 이러쿵저러쿵 이야기하다가 아진 님은 대학교에 입학하시고, 저는 교사가 되어 서로의 진로가 신기한 구독자 1인입니다. 학생들과 수업할 때, 꿈에 관한 이야기를 종종 하는 편인데, 대부분의 학생들이 어떠한 것을 좋아하는지 모르니 진로에 대해서도 생각해본 적이 없는 것 같더라고요. 이러한 학생들을 위해서 아진 님이라면 어떤 도움을 주실 수 있으실까요? 또한, 학생이 진정으로 원하는 것을 찾기 이전에 다양한 경험에 대해 도전했으면 하는 바람이 있는데, 이 역시도 무작정 도전하라고 하기에는 도움이 되지 않는 것 같아서요. 아진 님은 진로를 위해 어떠한 도전을 했고, 그러한 도전이 현재의 진로에 어떤 영향을 미쳤는지 궁금합니다. 무엇보다 '도전'을 하기 위해 어떠한 것을 가장 우선시했는지도 궁금합니다.

A. 사람들에게 '경험'과 '도전'에 관한 이야기를 하면 대개 무거운 분위기가 형성되곤 했어요. 그것을 아주 특별하고 대단한 것으로 여겨 지레 겁을 먹는 분들도 많았고요. 물론 나만의 목표

가 생기게 되면 올바른 체계와 더불어 책임감이 필요하지만, 그 목표를 만들기 위한 첫 시작은 어디까지나 '놀이'여야 한다고 생각해요. 특히나 10대 친구들에게는 더더욱요. 저도 10대 때 학교에서 초빙한 외부 강사님들에게 진로에 대한 강연을 많이 들었는데요. 훌륭한 강의였음에도 실제로 가슴에 와닿는 얘기는 별로 없었어요. 저에게 가장 많은 영향을 준 강의는 처음 호주에 갔을 때 들었던 'EALD' 수업이었어요. 국제학생들을 대상으로 조금 더 쉬운 레벨에 맞추어 미숙한 영어 실력을 향상할 수 있게 돕는 수업이었죠. 그때 영어 선생님은 저희에게 큰 걸 요구하거나 대단한 걸 알려주시지 않았어요. 오늘 입은 옷, 오늘 먹은 음식, 좋아하는 책이나 영화, 꿈에 대한 소소한 얘기를 나누는 게 전부였어요. 그런데도 저는 하루 중 그 시간이 가장 즐거웠답니다. 도전에 앞서 우선 재미를 느껴야 한다고 믿어요. '도전'을 위한 도전이 아닌, '재미'와 '즐거움'을 위한 도전이면 더 좋을 것 같고요.

Q.   안녕하세요. 저는 순수미술을 전공하고 있는 대학생입니다. 지금보다 더 어렸던 시절부터 지금까지 계속해온 고민은 바로, '어떻게 하면 진짜 나를 알 수 있을까?'예요. 창작 활동에 있어 다양한 시도를 해보고 싶은 욕심은 많지만, 정작 보는 이들에

　　　　　　　나는 어떤 사람이 되고 싶었을까?

게 어떤 말을 전하고 싶은지는 확실하지 않았어요. 고민을 거듭한 끝에, 제가 누군지 모르기 때문에 다른 이들에게 어떤 메시지를 전달하고 싶은지도 모르는 것 같다는 생각을 하게 되었고요. 소셜미디어에서 전진소녀 님을 처음 보았을 때, 진짜 '나'를 만난 분 같다는 느낌이 들었어요. 자신만의 확고한 철학이 느껴지기도 했고, 단단한 내면을 가진 분 같아서 완전히 반해버렸죠! 하하. 그래서 여쭤보고 싶어요. 어떻게 진짜 '나'를 만나게 되었는지, 그리고 그 과정은 어땠는지요.

A. 정말 심오한 질문인 것 같아요. 질문을 보자마자 머릿속에 떠오른 건 다름 아닌 '감정'이었어요. '나'를 제대로 알기 위해서는 '행복'과 '기쁨'만이 아니라 '절망'과 '분노', '무력감', '슬픔', '비참함', '불안함', '초조함' 등 부정적인 감정들까지도 모두 깊게 느껴봐야 해요. 힘들고 싶은 사람 없고, 아프고 싶은 사람 없지만 누가 더 잘 수용하고 극복해내느냐에 따라 그 사람의 정체성이 견고해지거든요. 저도 고등학생 때 미술을 했습니다. 전문적으로 했던 건 아니었지만 그림 그리는 걸 정말 좋아했어요. 오일파스텔, 아크릴, 유화, 색연필 등 그날그날 제가 느끼는 감정에 따라 텍스처를 다르게 선택했는데 조금 우울하고 생각이 많은 날에는 유화와

오일파스텔을 많이 썼어요. 꾸덕꾸덕하고 두꺼운 질감이 저의 먹먹한 감정을 잘 담아주었거든요. 그렇게 제가 느끼는 '감정'을 메시지로 표현하기 위해 그림을 그렸습니다. 그때 저만의 그림이 나온다고 생각했고 삶도 어쩌면 똑같지 않을까 하는 생각을 해요. 다양한 경험을 통해 다양한 감정들을 수집해 가는 게 '진짜 나'를 찾는 가장 좋은 방법일 거예요.

Q.　　안녕하세요! 건축학과 2학년인 학생입니다. 저는 설계를 할 때면 유독 잘하고 싶은 마음이 큰 것 같아요. 그런데 결국은 마감이라는 게 있잖아요. 좋든 안 좋든 완성해야 하는데, 저는 그걸 알면서도 마감을 지키는 게 너무 어려워요. 특히 각 단계를 밟아 가면서 뭔가 마음에 들지 않으면 잘 넘어가지 못하는 것 같아요. 남들은 앞으로 계속 나아가는데 저는 제자리에 계속 머물고 있다는 생각이 들어요. 빠르게 선택하고, 선택했으면 그대로 나아가야 한다고 교수님께서는 말씀하시지만, 제게는 참 어려운 일인 것 같아요. 자꾸 이런 상황이 반복되다 보니 마감을 못 지키기 일쑤고, 심지어는 전과를 고민했던 적도 많아요. 다 제 욕심 때문이겠죠?

A.　　제 이야기를 누군가 옮겨 놓은 것 같아 읽으면서 웃음이

　　　　　　　나는 어떤 사람이 되고 싶었을까?

나오기도 했습니다. 질문만 보면 큰 문제가 없어 보여요. 당연한 일이라는 거예요. 저도 잘하고 싶은 마음이 너무 커서 남들은 매싱을 할 때 혼자 개념에서 손을 놓지 못했고, 매스 스터디를 할 때도 개념이 투영되지 않으면 평면계획을 해야 하는 단계임에도 아무것도 하지 못했죠. 어쩌면 제게는 아직도 그런 습관이 남아있는 것 같습니다. 하지만 어느 순간, 누구는 두 번 고민하고 평면계획을 짤 때, 나는 하루 남겨놓고 부랴부랴 평면계획을 짜는 게 마음에 들지 않더라고요. 제대로 해보지도 못하고 혼나는 게 가장 속상했습니다. 최선을 다한 후에 혼나면 개선할 점이라도 알아갈 텐데, 내가 봐도 부족한 지점에서 혼나는 게 그렇게 싫더라고요. 무엇보다 교수님들도, 그리고 이 세상도, 완벽하고 독특한 아이디어 자체를 찬양하지는 않는다는 걸 알게 되었습니다. 아주 평범하고 보편적인 아이디어라도 그걸 시각화하고 구현해낼 때 더 고평가를 받는다는 것도 알게 되었죠. 건축학과는 심오하고 화려한 '개념'과 '아이디어'를 도출하는 것보다는 자신이 설정한 개념을 건축과 공간으로 명확히 표현하고 구현하는 것을 목적으로 두고 있다고 생각해요. 그러니 아주 평범한 개념이라도 그게 자신의 작품에서 직관적으로 읽히고 명쾌하다면 성공한 프로젝트가 되는 셈이죠. 한 단계 한 단계에 너무 많은 시간을 쏟기보단 우선 전체적인 계획을 디벨롭하는 데 초점을 맞춰 보세요. 제 경험상 빠르게 마감하는 친구들의 특징은 '무리하지 않는다'였습니다. 이렇게 답변을 드리지만, 저도 항상 마지막에 가서 수정하고 마감하는 학생 중 하나예요. 현재에 만족하지 않고 발전하려 하는 태도는 성장의 중요한 요소라고 생각합니다. 그러니 전략을 바꾸되 태도는 바꾸지 마세요. 더 나은 버전의 내가 되고 싶다는 그 태도 말이에요.

Q.　　　30대 중반의 디자이너입니다. 그동안 회사에서 디자이너로 일하다가 퇴사 후 프리랜서로 일하고 있어요. 디자인이 적성에 맞고 성취감도 있지만, 경제적으로 안정적이지 않고 혼자 일하다 보니 즐겁지가 않아요. 지금까지는 돈을 벌기 위해, 남들에게 인정받기 위해 열심히 살아왔다면 앞으로는 나로서 행복하게 살아가는 것을 목표로 삼고 싶습니다. 저와 같은 상황이라면 어떤 시도를 하셨을 것 같나요?

A.　　　상황을 자세히 알지 못해 함부로 답할 수는 없겠지만 저는 유독 '혼자'라는 단어에 시선이 많이 가네요. 정말 혼자 하면 즐거울 일도 고통스럽게 느껴지는 것 같아요. 우선 저는, 저만의

목표를 잡을 것 같습니다. '성취 개념'의 목표가 아닌 '만족 개념'의 목표로요. 그렇게 곧 '사람'을 위한 목표가 설정될 것 같아요. 예를 들어 이번 작품을 통해 누군가에게 어떠한 메시지 혹은 도움을 준다든가, 이 책을 예로 들면 신간을 통해 어린이나 청소년들에게 진로에 관한 이야기를 들려준다든가 하는 등으로 말이죠. 물질적인 성취 또는 나만을 위한 목표도 분명 나를 즐겁게 할 때가 있지만 지금처럼 공허할 때 '사람을 위한 목표'를 세워보세요. 그러다 보면 뜻하지 않은 곳에서 길이 열리기도 할 테니까요.

Q. 저는 현대 사회의 구조나 다수가 따르는 방식과는 어울리지 못하는 성향의 사람인 것 같아요. 그래서 앞으로 어떻게 살아가야 할지 자주 고민하게 됩니다. 저도 전진소녀 님처럼 고등학교에 진학하지 않고 3년을 쉬다가 대학에 진학했는데요. 오히려 그 시간이 제 인생에서 가장 밀도 높은 배움의 시간이었어요. 저도 집에서 목공을 조금 하는데, 그때 실전으로 직접 익힌 기술이 많고, 지금의 전공이기도 한 '기계'에 대한 넓은 지식과 기술을 배웠습니다. 저도 여자이지만 한 치의 의심 없이 기계과에 입학했고요. 그런 경험들이 쌓이면서, 흔한 길이 아닌 나만의 방식으로 살아가고 싶다는 생각이 더 많이 들더군요. 보통의 사람들이 자연

스럽게 받아들이는 구조나 삶의 루트가 저에게는 종종 이해하기 어렵고 숨 막히게 느껴지기도 하니까요. 그래서 저는 제 성향에 맞는, 조금은 다른 방식의 일과 삶이 어딘가에 존재하길 바라요. 아직 그게 어떤 모습일지는 잘 모르겠고, 지금 당장 무언가를 찾아 나서는 것도 아니지만 언젠가 그런 것을 발견할 수 있다면 좋겠습니다.

A.   처음 진로에 대해 고민하기 시작할 때 저는 무의식적으로 알 수 있었습니다. '나는 사회의 보편적인 틀에는 갇힐 수 없는 사람이구나' 하고요. 그래서 언제나 꿈꿨어요. 제가 사랑하는 일을 찾아 어딘가에는 쓸모 있는 사람이 되어 나만의 꿈을 향해 살아가는 멋진 제 모습을 말이죠. 근데 막상 저만의 길을 걸어가다 보니 제가 완벽하게 들어맞을 수 있는 곳을 찾는 건 거의 불가능에 가깝더라고요. 요즘 경영학 교양 수업을 듣고 있는데 거기서 아주 인상 깊은 경영 이론에 대해 배웠습니다. "경영이란 광활한 밀밭에서 완벽한 바늘을 찾는 게 아니라, 나의 상황과 요구에 부합하는 적당한 바늘을 찾아 그것을 나의 니즈에 맞게 만들어가는 것" 이 이야기를 듣는 순간 나의 설계도, 나의 인생도, 나의 목표들도 그렇게 만들어지고 있구나 하는 걸 느꼈습니다. 지금부터 적

나는 어떤 사람이 되고 싶었을까?

당한 바늘을 찾아 자신의 것으로 만들어가는 연습을 해보는 것도 큰 도움이 될 것 같습니다. 이런 고민을 하고 있다는 것 자체가 충분한 가능성을 이미 보여주고 있어요.

Q. 스무 살부터 6년 가까이 해온 항공정비를 그만두고 관련 4년제 공대 진학을 준비 중인 20대 중반의 청년입니다. 대학 진학을 준비하며 너무 늦은 건 아닌지, 이게 과연 옳은 선택인지 많은 고민과 두려움을 가지고 있습니다. 그래서 전진소녀 님은 어떻게 그런 고민과 두려움에 대한 해답을 찾으셨는지 궁금해요. 본래 하던 일을 내려놓고 대학 진학을 선택한 계기와 이유, 결심도 궁금하고요. 더불어 저와 비슷한 고민을 하는 사람들에게 해주고 싶은 조언이 있다면 함께 부탁드립니다.

A. 저의 상황과 크게 다르지 않다는 생각이 듭니다. 제가 목수 일을 잠시 내려두고 건축학과에 입학해야겠다고 결심했을 땐 오로지 제 목표에만 집중했어요. 유학을 그만두고 목수 일을 시작했을 때와는 달랐어요. 그땐 주변의 시선이나 편견도 의식했었고, 처음 도전하는 분야에 대한 두려움도 많았죠. 앞으로 어떻게 나아가야 할지 몰라 매일 막막하고 불안했으니까요. 하지만 그런 시작

을 한 번 해보니, 두 번째 시작부터는 두렵지 않았던 것 같아요. 네가 왜 새로운 도전을 하는지, 이 길이 나에게 왜 중요한지, 나는 이 도전을 통해 무엇을 얻어낼 것인지 스스로 알고 있었기에 주변에서 뭐라 하든 전혀 개의치 않았던 거죠. 저는 흔들릴수록 저 자신에게 많은 질문을 던져봅니다. 확신을 가질 수 있는 이유들을 찾는 거예요. 현장에서 직접 집을 짓다 보니 '어떤 공간을 짓는 사람이 될 것인가?'에 대한 나름의 대답들을 찾아 나가게 된 거죠. 그 꿈을 실현하기 위해선 새로운 배움이 필요했고, 이를 실현할 수 있는 아주 작은 것들부터 실행에 옮기고자 했습니다. 그게 저에겐 '대학교에 들어가 교육을 받는 것'이었고요. 비슷한 고민을 하는 사람들에게도 똑같은 이야기를 해드리고 싶어요. 나만의 확신이 있다면 흔들릴 이유가 없다는 것을!

Q. 목수, 크리에이터 등 아진 님이 하고 계시는 분야에 저 또한 관심이 많은데요. 대체 그 실행력은 어디서 나오는 겁니까?

A. '학습'에서 오는 것 같습니다. 저는 어릴 때부터 겁이 별로 없었어요. 선천적으로 겁이 없고 도전을 좋아하며, 활발한 사람이라고 생각할 수도 있겠지만, 돌이켜보니 이게 다 부모님이 저

나는 어떤 사람이 되고 싶었을까?

에게 조금씩 심어놓은 '습관'이더라고요. 어릴 때부터 새로운 것에 맞닥뜨리는 상황에 두려움을 느끼지 않도록 여러 경험을 하게 해주셨고, '학원 가서 공부해'라는 말보다 '놀다 와', '하고 싶으면 해'라는 말을 더 많이 해주셨습니다. 대신 제가 선택한 것들에는 반드시 책임을 져야 했죠. 하고 싶은 걸 다 해서 좋았지만, 그 선택들에 대한 책임을 진다는 건 어린 저로서는 쉽지 않았습니다. 물론 그건 지금도 그래요. 개인적으로 '도전'은 하고 싶은 걸 일회성으로 해보는 게 아니라 선택한 것을 장기적으로 '책임'지는 일이라고 생각해요. 선택하고 책임지는 과정을 반복하다 보니 실행력도 자연스레 조금씩 늘고 있는 것 같아요.

Q. 꿈만을 가지고 미래를 그리기엔 나이가 벌써 마흔이 넘었습니다. 집에는 아내, 그리고 아이가 둘 있는데 직장을 그만두고 자영업을 하고 있습니다. 벌써 5년, 10년 후가 걱정되고 앞으로 어떻게 살아야 할지 걱정이네요. 남들이 하는 건 다 재미있어 보여서 목공, 도배, 타일 등 생각만 하다가 워낙 똥손에 나이도 많아 선택지가 별로 없다는 생각도 듭니다. 재취업, 새로운 창업, 투자 등 매일 고민만 하며 뚜렷한 답을 못 찾고 있어요. 전진소녀 님은 만약 피치 못할 사정이 생겨 건축을 포기해야 한다면 어떻게 새로

운 삶을 꾸려나갈 생각이신가요?

A.　　　건축 일을 할 수 없게 되어 다른 일을 선택해야 한다면 건축만큼이나 흥미로운 무언가에 다시금 도전하겠지만, 같은 상황이라면 제가 '가장 잘하는 일'에 투자할 것 같아요. 주어진 시간은 한정적이고, 욕심보단 책임져야 할 가족이 있기에 저 역시 선택의 폭이 넓지 않다고 생각할 것 같아요. 그러니 0부터 시작해야 하는 일보다는 5나 10에서 시작할 수 있는 것들을 우선 찾아 나선 후 그것들을 다시 50, 100으로 끌어올릴 방법을 물색할 것 같습니다. 단순히 재미있는 일을 선택해도 좋을 수 있겠지만 잘하는 걸 선택해서 인정받는다면 생활적인 면에서 여러모로 이로울 테고, 그 여유에서 느낄 수 있는 재미도 충분히 맛볼 수 있을 거라 생각해요.

Q.　　　건축학도로서 앞으로의 진로는 어떻게 계획하고 있는지 궁금합니다.

A.　　　여러 목표와 계획들이 있지만, 저의 최종 목표이자 꿈은 건강한 건축가가 되어 여러 나라를 돌아다니며 소외된 곳에 다양

　　　　　나는 어떤 사람이 되고 싶었을까?

한 공간을 만들어주는 것입니다. 그러한 팀을 꾸릴 계획도 갖고 있고요. 현실적으로 제 꿈을 이루기 위해서는 건축사사무소도 개업해야 하고, 건축사 자격증도 취득해야 하고, 자격증을 따려면 실무도 많이 뛰어야 하겠죠. 하지만 저는 바로 실무에 뛰어들기 전에 건축에 관한 공부를 조금 더 해보고 싶은 마음이 있어 대학원 진학을 준비하고 있습니다. 대학원은 미국에서 다니게 될 것 같아요!

Q. 저는 인간관계가 너무 힘들어요. 누군가에게 먼저 말을 꺼내기도 힘들고, 어떤 대화를 해야 하는지도 모르겠어요. 친구들과 좋은 추억 많이 만들고 싶은데, 친해지기가 참 어려워요.

A. 저도 인간관계가 가장 어렵다고 느껴요. 누군가에게 나를 보여주기도 힘들고, 외면당하거나 무시당하거나 어떨 때는 버림받을까 두려워 아무것도 하지 못하기도 합니다. 돌이켜보면 특정한 모습을 기대하면서 만들어가는 인연은 왠지 더 잘 안 되는 것 같더라고요. 너무 많은 기대를 하는 것보다는 그냥 사소한 이야기를 주고받으며 자연스레 만들어가는 대화가 가장 좋은 것 같아요. 때론 솔직하게 먼저 말을 걸어보는 것도 좋아요. 저도 유학

할 때 친구들에게 말 한마디 꺼내는 게 그렇게 무서웠고, 매번 가슴이 떨렸죠. 그때 제가 가장 먼저 했던 말이 "난 영어를 잘 못해서 너네랑 얘기를 많이 하고 싶어도 그게 잘 안 돼."였어요. 부끄러워서 말하지 못했던 나의 미숙함, 소심함 등의 감정들을 먼저 이야기하고 나니 관계가 오히려 더 편해지고 상대방도 진심으로 이해해주더라고요. 감정을 먼저 가볍게 이야기해보세요. 대화의 길이 조금씩 보이기 시작할 거예요.

Q.   건축학과 학생입니다. 1년 전 전진소녀를 알게 되면서부터 저도 많이 성장했던 것 같아요. 하지만 저는 새로운 시도를 하는 것에 두려움이 많고 걱정도 많아요. 스스로를 잘 믿지 못하기도 하고요. 이런 어려움에 직면할 때 어떻게 이겨내시나요?

A.   두려움과 걱정 때문에 자신을 믿지 못할 때는 저는 그냥 '저를 믿지 못하는 상태'로 계속 해나가요. 믿음보다 더 중요한 건 멈추지 않는 동력이라고 생각해요. 그러다 보면 그 순간이 언제 그랬냐는 듯이 지나가 있더라고요. 무엇보다 그 과정에서 스스로를 다시 믿게 되는 순간이 찾아옵니다. 먹구름이 있다고 해서 하늘이 자기 색을 잃는 건 아니잖아요. 잠시 가려져 있을 뿐, 본바탕은

    나는 어떤 사람이 되고 싶었을까?

변하지 않는답니다.

Q.　　저도 건축학과에 재학 중인 학생입니다. 가끔 제 디자인 실력이 다른 학생들보다 부족한 것 같다는 생각이 들어 불안해질 때가 있어요. 이럴 때는 저만의 강점을 찾아 발전시켜야 할까요? 흔들리는 마음을 추스르는 방법도 궁금해요.

A.　　이 역시 많이 공감되는 질문이에요. 저도 디자인에 들어갈 때 막막해하는 타입이라 항상 걱정이 많습니다. 그럴 때마다 레퍼런스를 많이 보려고 하는데요. 단순히 형태나 완성된 이미지를 찾아보는 것보다는 기존 학생들의 포트폴리오를 많이 찾아봐요. 어떠한 개념을 가지고 어떠한 로직으로 건물을 디자인했는지, 그 과정을 처음부터 따라가 보는 거예요. 그럼 '아, 이 사람은 개념을 표현하기 위해 이러한 디자인을 사용했구나' 하며 메커니즘을 이해할 수 있게 되더라고요. 처음에는 영감도 떠오르고 이해도 되는 것 같은데 막상 자기 설계에 적용하려다 보면 또 잘 안 될 때도 있을 거예요. 그러나 분명한 건 다음 학기가 되면 한층 성장한 자신을 발견할 수 있을 거예요. 성장은 곡선형이 아니라 계단형이니까요.

나는 어떤 사람이
되고 싶었을까?

1판 1쇄 인쇄 2025년 6월 24일
1판 1쇄 발행 2025년 7월 4일

지은이 이아진
발행인 김형준

총괄 김아롬
책임편집 박시현, 허양기, 이의정
디자인 홍정순
온라인 홍보 허한아
마케팅 진선재

발행처 체인지업북스
출판등록 2021년 1월 5일 제2021-000003호
주소 경기도 고양시 덕양구 원흥동 705, 306
전화 02-6956-8977
팩스 02-6499-8977
이메일 change-up20@naver.com
홈페이지 www.changeuplibro.com

ⓒ 이아진, 2025

ISBN 979-11-91378-76-4 (13190)

체인지업북스는 내 삶을 변화시키는 책을 펴냅니다.